Travel Shanghai
上海之旅

中文/艾提　英文/虫虫　图/杨晓喆等

广东旅游出版社

图书在版编目（CIP）数据

上海之旅 / 艾提编著. —广州：广东旅游出版社，2007.4
（中国之旅热线丛书）
ISBN 978-7-80653-866-1

Ⅰ. 上… Ⅱ. 艾… Ⅲ. 旅游指南—上海市
Ⅳ. K928.951

中国版本图书馆 CIP 数据核字（2007）第 024660 号

摄影作者：杨晓喆 艾 提 晓海生 侯 洁 郭普光

广东旅游出版社出版发行
（广州市中山一路 30 号之一　邮编：510600）
深圳市普加彩印务有限公司印刷
（深圳市龙华创艺路亿康工业园 B 座）
广东旅游出版社图书网

www.tourpress.cn

邮购地址：广州市中山一路 30 号之一
联系电话：020-87347994　邮编：510600
889×1194 毫米　32 开　7 印张　190 千字
2007 年第 1 版第 1 次印刷
印数：1-7000 册
定价：38.00 元

CONTENTS 目录

目录
Contents

目录 Contents

上海 的万种风情

Charming and Graceful Shanghai

从金茂大厦俯瞰浦东
Overlooking Pudong from 88th floor of Jinmao Tower

上海是多彩的，又是多情的。所以，上海是不能不看的。

如果你来自乡村、小镇，上海之旅会给你另一番世界，让人目不暇接的高楼大厦、车水马龙可能会让你产生离开家乡的冲动；如果你来自北京、广州、香港、台北等其他城市，上海之旅又会让你领略海派风格的都市风情，也许就此把人生转战到这个城市；如果你来自海外，你会在这里认识中国最大城市的真实面貌，她既有纽约的国际风范，也有优雅的东方之美，保不准你想驻扎下来做个上海女婿或者上海媳妇。

上海是中国内地的时尚之都，她像一个妖娆的都市女郎般，浑身散发着现代气息，叫人欲罢不能。耸入云天的摩天大楼鳞次栉比，在浦江两岸出尽风头。东方明珠、金贸大厦在陆家嘴林立的高楼中冲出重围，在阳光下傲然地俯视芸芸众生；而脚下的黄浦江则载着来自天南海北的艘艘巨轮隆隆东去，使这座城市更显浓浓的海派风情。与黄浦江紧紧相偎的外滩，美女如云的淮海路，高级白领出入的南京西路，这些上海的时尚地标每天都在悄悄变换着自己的容颜，也许你今天才换了一个发型，到明天却又落伍了。

夜幕降临，上海的繁华景致更是胜过日间。华灯初上，外滩一片灯火通明，黄浦江岸边的巨幅广告牌闪着炫目的灯光向游人展现着自己的高贵，打扮得花枝招展的游轮悠哉游哉地招摇过江。此时的淮海路、南京路不亚于白天的喧闹，逛街的人群川流不息。而 10 点以后，当邻近城镇的人们酣然入睡时，上海的酒吧、咖啡馆、KTV、迪厅才刚刚开始粉墨登场。

紧跟时尚潮流的上海又被怀旧附体，老上海绅士的余温浸透在一砖一瓦一窗一门中，一种抹不去的岁月洗尽铅华的美。无论是有百年历史的上海民居石库门里弄，还是曾经属于达官贵人、社会名流的老式花园洋房，抑或欧陆风情扑面的外滩老建筑，徜徉其间，你都会感受到一种挥之不去的老上海情结。那一扇扇乌黑厚重的木门，那一株株茂盛的梧桐树，那一盏盏闪着金光的水晶灯，仿佛是在暗示人们，只有经过时间考验，才是真正的美。

上海的时尚在繁华的商业中体现得淋漓尽致，是人们逛街购物的天堂。与 20 世纪 30 年代一样，世界上最流行的东西若是传到中国，第一时间就会出现在上海。在南京西路有最顶级的国际品牌，在南京东路、淮海路、徐家汇有高中档皆备的时尚服饰，在七浦路也有价格实惠但款式一样新潮的中低档衣服。

上海同样也不缺乏民族特色浓郁的中国货，豫园、城隍庙一带的特色店如"剪刀大王"、"筷子大王"、"扇子大王"等，一定会让你大开眼界!

上海不仅商业发达，同时也是艺术文化的殿堂。街头的座座雕塑仿佛在告诉人们，这是个处处流淌着艺术的城市。这里的博物馆、美术馆、画廊几乎每天都有高水准的艺术品展，就连法国知名印象派大师的画作也漂洋过海来到这个城市展示自己的魅力。音乐厅、剧院、

这是个晚间释放自己的不夜城
This is also a ever-bright city.

上海的万种风情 Charming and Graceful Shanghai

戏院每天都在上演着优雅的音乐会、话剧、戏曲，俄罗斯的芭蕾舞，英国皇家乐团的交响乐，美国百老汇的音乐剧，中国的昆曲，均竞相绽放着光彩；宗教文化在上海同样有着一片天地，梧桐树掩映下的衡山路国际礼拜堂庄严肃穆，每到做礼拜的时候，虔诚的基督徒都会来此向上帝祷告；道教的城隍庙，佛教的静安寺、龙华古寺也是人来人往，香火旺盛。

上海还是小朋友的乐园。充满奇思妙想的上海科技馆，以及探索大自然奥妙的上海自然博物馆和昆虫博物馆，让小朋友在欢乐中学到科学知识；锦江乐园里的碰碰车、过山车、旋转木马，将大人们也带回到童年的快乐时光；长风海底世界的大鲨鱼、大海龟、企鹅、白鲸，会让小朋友们惊奇得尖叫；而真正使孩子们兴奋的则是上海野生动物园，威猛的狮子王、大老虎、豹子就近在咫尺，憨态可掬的大熊猫爬上爬下，笨笨的河马在水里喘着粗气，这里的一切一切都让人感觉和大自然是如此亲近。

上海郊外同样不失江南古镇的小桥流水、粉墙黛瓦，不失垂钓、骑马的农家野趣。有"东方威尼斯"之称的青浦古镇朱家角，远离都市的喧嚣，水、桥、人构成了一幅清新的水墨画，而游人便在这如画的风景中乘舟转过一个又一个街角。若从市区乘渡船来到东海的崇明岛，钓钓鱼、骑骑马、吃吃农家菜，游人更似彻底溶入了乡村生活。当然，若是来到上海见不到"海"，那可会感觉遗憾，如今洋山港游线的开通可使你欣赏到蓝天、碧海、白鸥的美景；金山和奉贤漂亮的人造海滩也让游人不出上海就能享受大海的乐趣。

郊外的朱家角呈现出水墨画般的江南风情
Zhujiajiao in the suburb is like a scroll of Chinese wash painting

Charming and Graceful Shanghai

Shanghai is a metropolis with diversity and unique charm that you can hardly find in other cities, therefore, it's always a hot destination for most tourists.

Shanghai is such a strange city that whoever you are and wherever you are from, you will be attracted at your first sight of it. If you come from a small village or town, Shanghai means quite a lot to you. Getting lost among high buildings and heavy traffic, you may want to leave your hometown ever since. If you come from cities like Beijing, Guangzhou, Hongkong and Taipei, you could taste the special landscape of Shanghai style. Perhaps you decide to settle down in Shanghai thence. If you are from abroad, you will realize the real aspect of the biggest city in China. Shanghai is not only a metropolis similar to the international style of New York, but also an elegance of the Orient. Maybe you want to find a Shanghainese as your future husband or wife, who knows?

Shanghai is the fashion center of China. People can't resist her as if she was an enchanting young lady hanging about an odor of fashion. High-rises row upon row steal the limelight on both sides of the Huangpu River. Standing out among the skyscrapers in Lujiazui, the

店家装饰别具风格
a store with unique decoration

Oriental Pearl Tower and Jinmao Tower lordly look down on all the living things in the blaze of the sun. Besides, huge vessels of full loads are seen sail in the billows, which add a characteristic touch of the city. The fashion landmarks as the Bund, the Huaihai Lu and Nanjing Xilu, where fashion elite are gathered, changed quietly everyday. A fashionable hairstyle today probably means out-of-fashion the other day.

The approach of night makes Shanghai more fascinating than daytime. Quite a number of lights are lit brightly along the Bund, while the dazzling huge billboards fully display their dignity, swaggering across the Huangpu River are the gorgeously decorated cruises. People roam at Huaihai Lu and Nanjing Lu, constant flow pouring in this bustle. The bars, cafes, KTVs and Discos begin to play the leading role after 10 PM while the people living in the small towns are fast asleep.

Shanghai is a place full of reminiscences. When you wander about the century-old Shikumen, the dwelling houses of the local people and the ancient garden-like western-style houses once belong to the rich and noted public figures only, or roam the old buildings at the Bund, you would find a kind of beauty, the beauty that lies in the dark wooden doors, the flourishing phoenix trees and the bright crystal lamps, the beauty that withstands the test of time.

Shanghai is a shopping paradise as well. Here you can find from the top brands in the world to the medium and low grades clothes catering to the local people. At Yuyuan Bazaar, quite a number of renowned stores where goods with

这也是个处处充满怀旧情绪的城市
This city is also full of reminiscent mood.

traditional Chinese characteristics are sold will definitely fill your eyes with surprise.

As a palace of art and culture, Shanghai spares no pains in displaying it's second face besides the booming economy. Sculptures were put here and there, beautifying the city. Museums, art galleries and picture galleries where works of art of high standard showcase everyday, even the famous French impressionists choose here to release their new works. Concerts, dramas, traditional Operas, ballets, sympony orchestras, music plays, all kind of performances compete with each other to grasp the audience's eyeballs. Religion culture developed well in Shanghai as well. Devotional Christians pray in the solemn church at Hengshan Lu, while the traditional Chinese temples are popular among pilgrims like Temple of the Town Gods, Jing'an Temple and Longhua Ancient Temple.

Shanghai is the paradise for kids. In the fantastic Science Museum, the Nature Museum and the Insect Museum of Shanghai, things were put so interesting that kids can learn a lot from them. The roller coaster, bumper cars and carrousel in Jinjiang Amusement Park even can bring grown-ups back to their childhood. Besides, the sharks, turtles, penguins and belugas in Changfeng Undersea World can make the kids scream with surprise.

On entering Shanghai wildlife Park, the mighty lions, tigers and leopards are seen standing near at hand, while the giant pandas clumsily climbing up and down and the hippos breathing heavily in the water. All of these make you feel very close to the nature.

The scenery of Shanghai suburbs is expected as well. As other ancient towns along the south bank of the Yantze River, Zhujiajiao, dubbed "the Orient Venice", is far away from the bustling city where the simple bridge, flowing water, pink walls and black tiles constitute the most beautiful landscape painting. On sitting in a small boat, your heart will definitely be filled with peace and happiness when the picturesque views on both sides of the bank rushing into your eyes. You may wish that the time could be still at the moment. Besides, the fishing, riding and eating experiences in Chongming Island is so exiting and interesting that you'll never forget. It would be pitiful if

商业和文化完美交融
Business and culture blend into each other perfectly

you have arrived but can't see the sea in Shanghai. Yangshan Deepwater Port is open to the public now, which gives you a chance to admire the picture of blue sky, green sea and white gulls. Besides, Jingshan and Fengxian artificial beach es will delight you if you don't want go that far.

外滩漫步
walking along the Bund

上海的万种风情 Charming and Graceful Shanghai

上海市区旅游示意图
The Sketch Map of the City Proper, Shanghai

① ② ③

Ⓒ Ⓑ Ⓐ

江

浦

黄

32 共青森林公园
71 黄兴公园
70 五角场
68 宁国路
69 罗山路
67 杨浦大桥
66 黄
64 世纪公园
63 上海科技馆
60 浦东大道
61 世纪大道
62 张杨路
65 龙阳路
59 中山二路
57 东方明珠
51 儿童公园
52 外白渡桥
53 外滩
58 陆家嘴
54 山东路
56 南浦大桥
55 浦东南路
36 卢浦大桥
35 黄
50 中山北路
49 鲁迅公园
39 江湾路
40 四平路
37 中山北一路
38 西藏北路
41 新客站
48 豫园
47 新天地
46 延安东路
45 重庆路
43 人民广场
42 南京东路
44 南京西路
30 成都北路
31 西藏中路
32 复兴公园
33 淮海中路
34 中山南一路
29 共和新路
20 上海站
9 苏州河
21 南京西路
22 延安西路
23 淮海中路
24 肇嘉浜路
25 徐家汇
26 中山南二路
27 龙华旅游城
28 上海植物园
19 上海南站
16 复兴路
17 漕溪路
18 漕溪北路
7 中山西路
8 中山路
10 中山公园
11 静安寺
12 延安西路
13 徐家汇
14 淮海西路
15 肇嘉浜路
6 长风公园
大洋海底世界
1 上海动物园
2 虹桥路
3 延安西路
4 吴中路
5 漕宝路

上海的万种风情

Charming and Graceful Shanghai

上海公路示意图

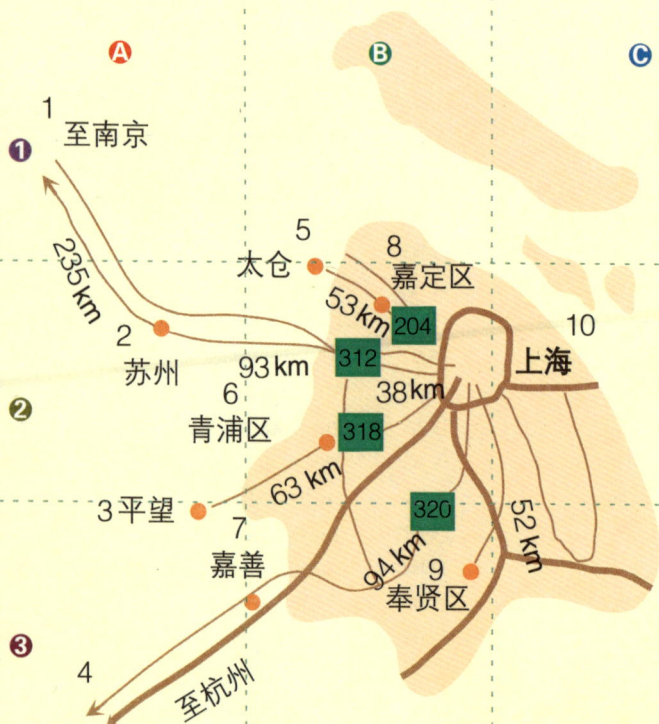

Ⓐ   Ⓑ   Ⓒ

❶ 1 至南京

235 km

2 苏州

93 km

5 太仓

❷

6 青浦区

3 平望

63 km

7 嘉善

❸

4 至杭州

8 嘉定区

53 km

204

312

38 km

318

320

94 km

9 奉贤区

52 km

10 上海

The Sketch Map of Highway

上海 的前世今生

Prelife and This Life of Shanghai

上海的孕育

上海——中国最现代化的国际都市，古时候会是什么样的呢？

大约在 6000 年前，现在的上海西部即已成陆，东部地区成陆也有 2000 年之久。相传春秋战国时期，上海曾经是楚国春申君黄歇的封邑，故上海别称为"申"。公元四五世纪时的晋朝，松江（现名苏州河）和滨海一带的居民多以捕鱼为生，他们创造了一种竹编的捕鱼工具叫"扈"，又因为当时江流入海处称"渎"，因此，松江下游一带被称为"扈渎"，以后又改"扈"为"沪"。这就是上海的简称——"申"、"沪"的由来。

上海的诞生

唐天宝十年（751 年），上海地区属华亭县（现今的松江区），范围北到今天的虹口一带，南到海边，东到下沙。北宋淳化二年（991 年），因松江上游不断淤浅，海岸线东移，大船出入不便，外来船舶只得停泊在松江的一条支流"上海浦"（其位置在今外滩以东至十六铺附近的黄浦江中）上；南宋咸淳三年（1267 年），在上海浦西岸设置市镇，定名为上海镇。元至元二十九年（1292 年），元朝中央政府把上海镇从华亭县划出，批准上海设立上海县，标志着上海建城之始。

上海的成长

16 世纪（明代中叶）上海逐步成为全国棉纺织手工业的中心。清康熙二十四年（1685 年），清政府在上海设立海关。19 世纪中叶，上海已成为商贾云集的繁华港口。鸦片战争以后，上海被殖民主义者开辟为通商口岸。在此后的 100 年里，

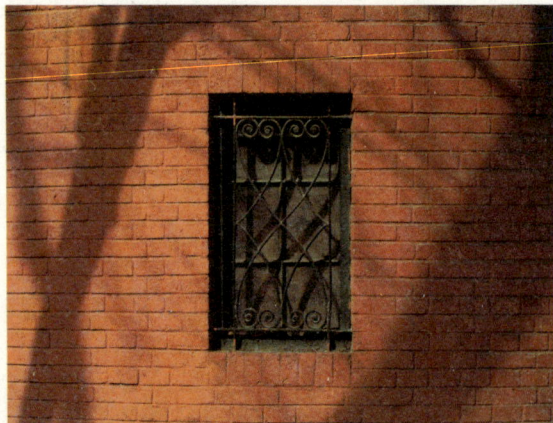

老房子的一扇窗
window of an old house

外国列强纷纷入侵上海，使上海成了帝国主义对中国进行政治、经济、文化侵略的主要据点，同时也带来了不同的西方文化。

旧上海的繁华

20世纪20年代，上海已发展成为中国第一大经济都会，与巴黎、伦敦、纽约、罗马齐名。1927年，国民政府决定在上海县城区的基础上设立"上海特别市"，1930年改称"上海市"。

20世纪初的上海作为中国的商业中心、金融中心以及工业中心，被称为"冒险家的乐园"，一拨拨来自天南地北的"能人"都来上海滩闯荡，涌现了大批杜月笙似的人物。除了赚钱做生意，他们还需要酒吧、舞厅、俱乐部等夜生活，加之当时的上海聚集了世界上最多的各国侨民，娱乐业曾经盛极一时。国外时髦的东西几乎可以在一夜之间传到上海，旧时的上海在当时的中国也绝对是最时尚的地方。

新上海的辉煌

1949年5月27日，挣脱旧上海曾经的醉生梦死，上海获得解放，开始了新生。

如今的上海，全市面积已扩大到6340.5平方公里，几乎是解放初期的10倍。由于大量人口迁入和外来流动人口迅速增长，上海人口总数规模不断扩大。上海开埠时人口不足10万；至1949年解放时为520万；至2005年末，全市户籍人口已增加到1360万人。

而就是这个占全国总面积0.06%、占全国总人口1%的上海，却为中国创造了巨大的财富。上海经济产值占全国总比例达5%以上，贸易额占全国25%。全球500强落户中国时大都选择上海作为总部，陆家嘴和南京西路布满了它们的高级写字楼。而在吃、穿、玩、用等方面，上海也都走在了中国的最前沿，因此，要想领略中国最繁华、最大气、最时尚的城市，非上海莫属！

上海的前世今生 Prelife and This Life of Shanghai

上海交通
航空

上海航空业发达，有通往全国各大城市和世界各地的航班。上海有两个民用机场，分别是浦东国际机场、虹桥国际机场。

浦东国际机场

浦东国际机场位于浦东新区江镇乡、施湾乡和南汇县祝桥乡境内的濒海地带，占地面积共约32平方公里，场址距市中心的人民广场约 30 公里，距虹桥机场约 40 公里。

机场地址：浦东新区江镇纬一路 100 号。

浦东机场专线车：

机场 1 线： (6:00~21:00，15 分钟一班) 浦东机场—虹桥机场 (直达，全程票价 30 元)

机场 2 线： (6:00~21:00，15 分钟一班) 浦东机场—上海展览中心 (南京西路 9 号门) (全程票价 19 元)

机场 3 线： (5:30~20:00，20 分钟一班) 浦东机场—地铁龙阳路站—徐家汇—遵义路 (扬子江大酒店) (全程票价 20 元)

机场 4 线： (6:00~20:00，20 分钟一班) 浦东机场—德平路—五角场—大柏树—鲁迅公园 (虹口足球场) (全程票价 18 元)

机场 5 线： (6:00~20:00，20 分钟一班) 浦东机场—罗山路—东方医院—人民广场—上海火车站 (梅园路佳世客东门) (全程票价 18 元)

机场 6 线： (5:30~20:00，20 分钟一班) 浦东机场—张江高科技园区—紫金山大酒店—东力医院—石门路—静安寺—中山公园 (全程票价 20 元)

机场夜线： (23:00~次日 8:00) 浦东机场—西藏中路 (人民广场) —静安寺

虹桥国际机场

虹桥国际机场位于上海市区的西部，离市中心 13 公里。

机场地址：虹桥路 2550 号。

虹桥机场专线车：

机场 1 线： 虹桥机场—浦东机场 (早晨三班为 45 分钟间隔，之后每 20 分钟发一班)

民航专线： 虹桥机场—威海路、陕西路

941 虹桥机场—上海火车站： 虹桥机场—虹井路—上海动物园—虹梅路—虹许路—虹古路—仙霞路—天山电影

院—遵义路—中山西路—中山公园—江苏路—曹家渡—国棉六厂—胶州路—西康路—上海火车站

925 虹桥机场—人民广场： 虹桥机场—机场新村—上海动物园—程家桥—虹梅路—虹许路—虹桥开发区—中山西路—定西路—江苏路—美丽园—陕西路—石门路—人民广场

938 虹桥机场—商城路 (浦东)： 虹桥机场—机场新村—上海动物园—程家桥—虹梅路—虹许路—水城路—虹桥开发区—安顺路—中山西路—第二结核病院—吴中路—直山路—华亭宾馆—大钥桥路—宛平路—东安路—南洋中学—打浦路—鲁班路—西藏南路—南车站路—塘桥—宁阳路—王家宅浦电路—潍坊路—八佰伴—商城路

806 虹桥机场—中山南一路： 虹桥机场—机场新村—上海动物园—程家桥—虹梅路—虹许路—水城路—高级法院—长顺路—凯旋路—番禹路—香花桥—交通大学—徐家汇—宛平路—东安路—岳阳路—大木桥路—打浦桥—斜土路—瞿溪路—中山南一路—鲁班路

807 虹桥机场—真光新村： 虹桥机场—机场新村—上海动物园—程家桥—王满四桥—中新径—仙霞路—马家桥—北新径—云岭路—金沙汪路—梅川路—曹安路—北石路—铜川路—上海西站—真光新村

铁路

上海有两个火车站，分别是上海火车站和新建成的上海南站。

作为世界最大的透光火车站，上海南站于 2006 年 7 月 1 日正式投入运行。这是个 "像机场一样" 的火车站，圆形主站屋的造型看起来像个飞碟。上海南站在设计上有三大独到之处：一是主站屋内直径 152 米的范围内没有一根立柱，形成了一个 3 万多平方米的巨大空间；二是圆顶向外延伸的 "帽檐" 宽达 25 米；三是整个主站屋底下全是空的。

尤其候车大厅非常宽敞明亮，像机场一样，许多游人都纷纷拍照留念。

新建的上海南站，候车大厅像飞机场一样宽敞明亮
The waiting hall of the newly–built Shanghai South Railway Station is as spacious and bright as any airport.

火车票售票地址

火车站联合售票大楼底层
北京东路 230 号
长阳路 431 号
北京西路 1738 号

火车票代售网点

沪青平公路 598 号
电话：54477136
逸仙路 520 号
电话：55510900
临平北路 1 号
电话：65621260
新华路 417 号
电话：62833086
鲁班路 193 号
电话：63042520
内江路 362 号
电话：65664568
唐山路 290 号
电话：65462335
福州路 431 号
电话：63260303–3109
衡山路 2 号
电话：64330000–2038

长江西路 1794 号
电话：56733178
延安中路 1000 号
电话：62477771
沪闵路 249 号
电话：54708885
南京东路 627 号
电话：63220777–720
龙阳路 2000 号（地铁 2 号门）
电话：68948875
环城东路 1400 号
电话：57190769
枫林路 315 号
电话：64173510
宜山北路 50 号
电话：64387668
车站南路 428 号
电话：65290512
东方路 247 号
电话：58876172
南京西路 108 号
电话：63278430
大同路 90 号
电话：50671035

公路

上海公路客运发达，有通往全国各地的汽车。可向各个长途汽车站咨询。

上海武宁长途汽车站
地址：中宁路 230 号
电话：62050613
上海沪铁长途客运站
地址：恒丰路 783 号
电话：63174966，63170083
上海申华客运公司
地址：浦东川沙路 4799 号
电话：58904044，58926952
上海浦江汽车运输有限公司
地址：奉贤南桥镇南奉公路 123 号
电话：57195609，57193750
上海浦南公共交通公司石化汽车站
地址：沪杭公路纬弄路口
电话：57957117，57941861

上海浦南公共交通公司朱泾汽车站
地址：亭枫公路罗星路口
电话：57317438
上海吴淞口长途客运服务有限公司
地址：泰和路5号
电话：56568191、56568192
上海太平洋客运服务部
地址：恒丰路710号
电话：63170440、63170691
上海浦南公共交通公司南桥汽车站
地址：沪杭公路南奉公路口
电话：57412801
上海三汽公共交通公司青浦汽车站
地址：青浦青安路1号
电话：59529681
上海交通大众客运有限责任公司
地址：桃浦公路168号
电话：62545300、62160536
上海中山经营服务公司大宁路汽车站
地址：共和新路1840号
电话：56773267
上海中山经营服务公司中山北路汽车站
地址：中山北路806号
电话：56627926、56773276
上海五角场长途客运有限公司
地址：四平路1779号
电话：55051638
上海市崇明公共交通公司
地址：城桥镇八一路29号
电话：69611040、69611120
上海三汽公共交通公司西区汽车站
地址：吴中东路555号
电话：64382937、62548378
上海交通大宇运业有限公司徐家汇站
地址：虹桥路211号
电话：64697356、64697325
上海交通大宇运业有限公司龙吴路站
地址：龙吴路900号
电话：64701171
上海东洲长途客运有限公司川沙汽车站
地址：浦东华夏东路2658号
电话：58904884、58987421
上海浦东公交长途客运站南汇汽车站
地址：惠南镇东站路2号

电话：58022192
上海浦东公交长途客运站川沙汽车站
地址：川沙路4900号
电话：58921285
上海浦东公交长途客运站塘桥汽车站
地址：浦东浦建路36号
电话：58890100、58891450
上海浦东汽运总公司长途客运分公司
地址：浦东南路3843号
电话：58830865、58836840
上海沪东汽车运输公司长途客运总站
地址：东大名路959号
电话：65415869、65419369
上海中山经营服务公司彭浦汽车站
地址：共和新路4710号
电话：56773267
上海芷新长途客运公司不夜城站
地址：民立路233号
电话：63177388、63175008
上海芷新长途客运公司汽车站
地址：芷江西路249号
电话：56702173

航运

　　上海是中国最大的港口城市，是我国唯一兼有海运、江运和内河航运的客运港口。上海航运客轮溯长江而上可达九江、武汉和重庆，沿近海而行又可至青岛、大连、宁波、舟山等地，还与韩国仁川、釜山，日本大阪、神户之间开通了海上客运航线。
　　上海港现主要由十六铺客运站、公平路客运站和国际客运站等组成。

十六铺码头
地址：中山东二路515号
电话：63260050
公平路码头
地址：公平路60号
电话：65418829
外虹桥国际客运码头
地址：太平路1号
电话：65959529

芦潮港码头

地址：南汇芦潮港镇首

电话：58281919

金山码头

地址：金山戚家墩

电话：57944431

吴淞码头

地址：淞宝路196号

电话：56170138

宝杨路码头

地址：宝杨支路18号

电话：56122081

石洞口码头

地址：宝山盛石路

电话：56153537

市内交通

1.公交：上海全市有1100多条公交线路。按运营时间分，有日间公交车、"2"字头的早晚高峰车和"3"字头的夜班车；按地域范围分，有浦西公交线、浦东公交线、浦东浦西联运线（含大桥线、隧道线）和市郊公交线；按票务方式分，有单一票价1元的无人售票车（市内公交号码为两位数的或三位数中"1"字头、"2"字头、"7"字头的线路绝大多数是无人售票车，乘客要注意自备零钱，不找零），还有单一票价2元的空调车和多级票价的专线车（有"5"字头的大巴专线，"6"字头的浦东新区专线车，"8"字头的中巴专线和"9"字头的双层车或空调大巴，还有10条空调旅游专线）。上海火车站、人民广场、徐家汇、中山公园、五角场，为市内主要公交换乘枢纽。

2.地铁：上海目前开通了5条地铁线和一条磁悬浮运营线。分别是：

轨道交通1号线（火车站—共富新村）

标志色：大红色

首末班时间：共富新村（首班车：6:00，末班车：22:30）；上海火车站（首班车：5:30，末班车：23:00）；莘庄（首班车：5:30，末班车：22:20）

途经站点：莘庄（南起讫站）（换乘5号线）—外环路—莲花路—锦江乐园—上海南站（换乘3号线）—漕宝路—上海体育馆（换乘4号线）—徐家汇—衡山路—常熟路—陕西南路—黄陂南路—人民广场（换乘2号线）—新闸路—汉中路—上海火车站（转乘3、4号线）—中山北路—延长路—上海马戏城—汶水路—彭浦新村—共康路—通河新村—呼兰路—共富新村（北起讫站）

轨道交通2号线

标志色：浅绿色

首末班时间：淞虹路（首班车5:42，末班车23:00）；张江高科（首班车6:28，末班车22:30）

途经站点：淞虹路（西起讫站）—北新泾—威宁路—娄山关路—中山公园（换乘3、4号线）—江苏路—静安寺—石门一路—人民广场（换乘1号线）—河南中路—陆家嘴—东昌路—世纪大道站（配合施工，暂停使用）—上海科技馆—世纪公园—龙阳路—张江高科（东起讫站）

轨道交通3号线

标志色：黄色

首末班时间：江杨北路（首班车5:30，末班车21:40）；上海南站（首班车5:55，末班车21:24）

途经站点：上海南站（南起讫站）（换乘1号线）—石龙路—龙漕路—漕溪路—宜山路（转乘4号线）—虹桥路（换乘4号线）—延安西路（换乘4号线）—中山公园（换乘2、4号线）—金沙江路（换乘4号线）—曹杨路（换乘4号线）—镇坪路（换乘4号线）—中潭路（换乘4号线）—上海火车站（换乘4号线，转乘1号线）—宝山路（换乘4号线）—东宝兴路—虹口足球场—赤峰路—大柏树—江湾镇—殷高路—长江南路—军工路—吴淞路—水产路—宝杨路—漠河路—铁力路（北起讫站）

共富
呼兰
通河
共康路站
彭浦
汶水路站
上海马双
延长路站
中山
上海
镇平路站 汉中路站
曹杨路站 石门一路站 新闸路站
金沙江路站 静安寺站 人民广场
江苏路站 陕西南路
中山公园站 衡山路站 西
徐家汇站 常熟路站 鲁J
上海体育 大木桥站
延安西路站 东安路 打浦
虹桥路站
宜山路站 漕溪路站
漕宝路站 龙漕路站
莲花路站 石龙路站
上海南站站 锦江乐园站
外环路站
莘庄站
春申路站
北桥站 银都路站
东川路站 颛桥站
华宁路站
文井路站
闵行开发区站

外环线
中环线
内环线
内环线

虹桥临空
园区站
北新泾 娄山关路
淞虹路 威宁路

轨道交通一号线

轨道交通二号线

轨道交通五号线

轨道交通一号线

Line 1 (N→S)：Gongfu Xincun—Hulan Lu—Tonghe Xincun—Gongkang Lu—Pengpu Xincun—Wenshui Lu—Shanghai Circus City—Yanchang Lu—Zhongshan Beilu—Shanghai Train Station—Hanzhong Lu—Xinzha Lu—Renmin Square—Huangpi Nanlu—Shan'anxi Nanlu—Changshu Lu —Hengshan Lu—Xujiahui—Shanghai Stadium—Caobao Lu—Shanghai South Train Station—Jinjiang Amusement Park—Lianhua Lu—Waihuan Lu—Xinzhuang

Line 2(W→E)：Songhong Lu—Beixinjing—Weining Lu—Loushanguan Lu—Zhongshan Park—Jiangsu Lu—Jing'an Temple—ShimenYilu—Renmin Square—Henan Zhonglu—Lujiazui—Dongchang Lu—Dongfang Lu—Shanghai Science and Technology Museum—Century Park—Longyang Lu—Zhangjiang Gaoke

Line 3(N→S)：Tieli Lu—Mohe Lu—Baoyang Lu—Shuichan Lu—Wusong Lu—

铁力路站
□汉河路
□宝杨路
□水产路
□吴淞路
□军工路
长江南路
□江杨北路
大柏树站
末峰路站
虹口足球场站
东宝兴路站

轨道交通三号线

杨浦大桥

N
W ← → E
S

杨树浦路
外滩观光隧道
浦东大道

临平路
大连路
海伦路
陆家嘴站

河南中路站

黄陂南路站
南浦大桥

东昌路站
东方路站
上海科技馆站
世纪公园站

浦电路
蓝村路
塘桥

龙阳路站
张江高科站

上海磁浮列车

南浦大桥
道卢浦大桥

往浦东机场 ✈

上 海 轨 道 交 通 示 意 图

轨道交通二号线　轨道交通三号线　轨道交通四号线　轨道交通五号线　上海磁浮列车

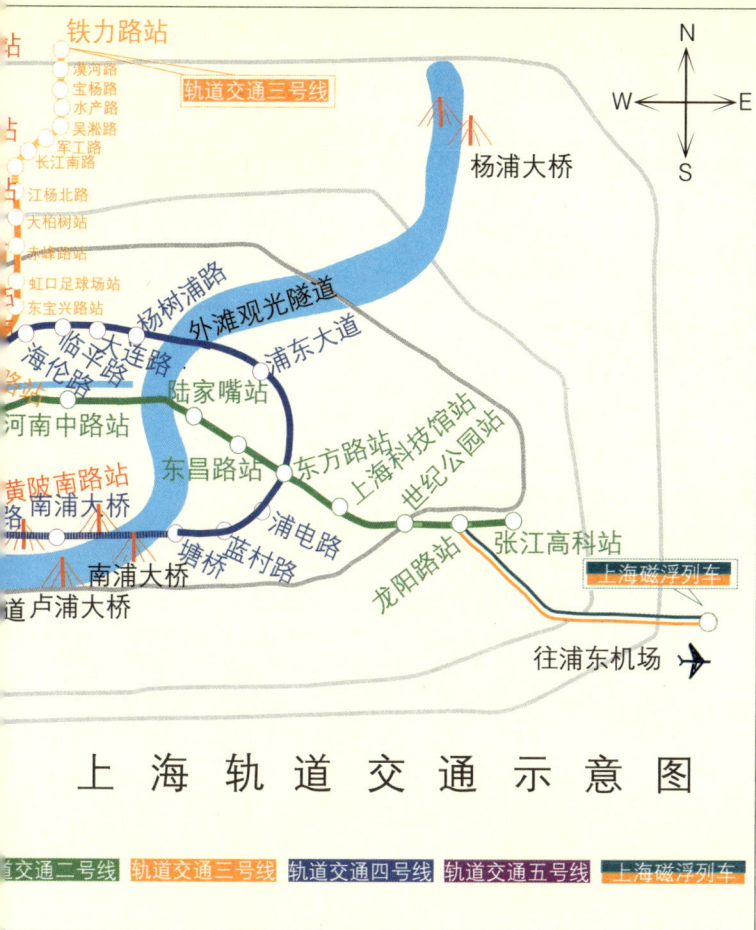

Jungong Lu—Changjiang Nanlu—Yingao Lu—Jiangyang Beilu—Dabaishu—Chifeng Lu—Hongkou Stadium—East Baoxing Lu—Baoshan Lu—Shanghai Train Station—Zhongtan Lu—Zhengping Lu—Caoyang Lu—Jinshajiang Lu—Zhong shan Park—Yian'an Xilu—Hongqiao Lu —Yishan Lu—Caoxi Lu —Longcao Lu—Shilong Lu—Shanghai South Train Station

Line 4: Damuqiao Lu—Dong'an Lu—Shanghai Stadium—Yishan Lu —Hongqiao Lu—Yan'an Xilu—Zhongshan Park—Jinshajiang Lu—Caoyang Lu—ZhenpingLu—Zhongtan Lu —Shanghai Train Station—Baoshan Lu —Hailun Lu—Linping Lu—Dalian Lu—Yangshupu Lu—Pudong Dadao—Dongfang Lu—Pudian Lu—Lancun Lu

Line 5: Minhang Developing Area—Wenjing Lu—Huaning Lu—Jinping Lu—Dongchuan Lu—Jianchuan Lu—Beiqiao—Zhuanqiao—Yindu Lu—Chunshen Lu—Xinzhuang

轨道交通 4 号线

标志色：深紫色

首末班时间：蓝村路（首班车 5:55，末班车 21:24）；大木桥路（首班车 5:40，末班车 21:03）

途经站点：大木桥站（西起讫站）—东安路站—上海体育馆站（换乘 1 号线）—宜山路站（转乘 3 号线）—虹桥路站（换乘 3 号线）—延安西路站（换乘 3 号线）—中山公园站（换乘 2、3 号线）—金沙江路站（换乘 3 号线）—曹杨路站（换乘 3 号线）—镇坪路站（换乘 3 号线）—中潭路站（换乘 3 号线）—上海火车站站（换乘 3 号线，转乘 1 号线）—宝山路站（换乘 3 号线）—海伦路站—临平路站—大连路站—杨树浦路站—浦东大道站—东方路站—浦电路站—蓝村路站（东起讫站）

轨道交通 5 号线

标志色：紫色

途经站点：莘庄（起讫站）（换乘 1 号线）—春申路—银都路—颛（zhuān）桥—北桥—剑川路—东川路—金平路—华宁路—文井路—闵行开发区（起讫站）

3.出租车：上海出租车发达，目前运营的出租车以桑塔纳和别克为主，桑塔纳 2000 是主流车型。车顶上有各出租汽车公司的标志灯（TAXI）和公司名称。凡有深红色顶灯的出租车，是被上海市公共客运管理处认定为"信得过"的车辆。出租车车窗上都标有起步价及每公里单价。上海的出租车起步价为 11 元（3 公里内），起步价后 2.1 元/公里。23:00～凌晨 5:00 加收 30%，起步价 14 元，3 公里后每公里 2.7 元。等候时间，每 5 分钟等于行驶 1 公里。出租车若需要过黄浦江，则另加过桥费或过隧道费。每辆出租车上均有计价器，乘客根据计价器上所示数额付款。根据上海有关规定，

遇有下列情况之一时，乘客可拒绝支付车费：无计价器或者有计价器而不使用的，驾驶员不出具发票或者有关凭证的，租乘的客车在起步费里程内发生故障，无法完成运送服务的。乘客对拒载行为等服务质量问题，可以向各出租汽车公司投诉，或向上海市公共客运管理处投诉（投诉电话：65355111）。由于上海出租车业的管理较为规范，因此服务质量较好。

磁悬浮示范运营线

上海磁悬浮示范运营线，是世界上第一条投入商业化运营的磁悬浮示范线，具有交通、展示、旅游观光等多重功能。它西起上海地铁 2 号线龙阳路站，东到上海浦东国际机场，主要解决连接浦东机场和市区的大运量高速交通需求。线路正线全长约 33 公里，双线上下折返运行，设计最高运行速度为每小时 430 公里，单线运行时间约 8 分钟。

途经站点：轨道交通 2 号线龙阳路站—浦东国际机场

票价：单程人民币 50 元，往返人民币 80 元，持当日机票（电子机票及其他凭证除外）可优惠 20%。

运营时间：每日 7:00～21:00

间隔：15 分钟一班

Metro

现代

都市景观专线

Scenic Spots of Modern Metropolis

边走边看，大上海在这里

很多人不远万里来上海旅游，最大的吸引力就是它作为中国第一大城市的繁华都市景致。而要看上海最现代化的都市景观，就离不开几个经典地方：人民广场一带，外滩—黄浦江一带，陆家嘴一带。而且这几个地带集中在黄浦江两岸，又互相连在一起，可以边走边看，一路慢慢悠悠逛过去。

"上海心脏"——人民广场的蓝天、绿地、白鸽，南京路上熙熙攘攘的人群和久负盛名的百年老店，各具风情的外滩万国建筑群，黄浦江来来往往的轮船，陆家嘴耸入云端的摩天大厦，以及可以俯瞰整个大上海的东方明珠、金贸大厦，这一切都会让你眼花缭乱，真切感受到海派风光的魅力所在。

Scenic Spots of Modern Metropolis

Many tourists come over to Shanghai for its great magnetic and flourishing cityscape. As the most prosperous and largest city of China, there are some must-see attractions for visitors: People's Square, the Bund (Waitan) and Lujiazui, which all lie on both sides of the Huangpu River and can be visited at the same day.

人民广场的和平鸽，带给人一种安详
White pigeons bring us peace of mind.

Blue sky, green lawn and white pigeons in the People's Square, bustling crowds and well-known century-old shops at Nanjing Lu, the Gallery of International Architecture in the Bund, shuttling ships coming and going in the powerful Huangpu River, the full view of Shanghai from Jinmao Tower and the Oriental Pearl Tower among the lofty skyscrapers in Lujiazui. All these would make you dazzle and clearly taste the charm of Shanghai style.

和街头的雕塑合个影
Take a photo with the sculpture.

现代都市景观专线
Scenic Spots of Modern Metropolis

人民广场一带

来上海旅游的第一站是哪儿？非人民广场莫属！

因为人民广场地处上海市区心脏地带，不仅周边景点众多，而且还是市区的交通中转站，无论是去外滩、东方明珠、金贸大厦观光，还是去南京路、淮海路、城隍庙逛街购物，人民广场都是最方便的出发点。

不仅如此，人民广场还有许多上海标志性建筑：庄严的上海市政大厦，流光溢彩的上海大剧院，盛载上海历史文化的上海博物馆，浓缩上海古今面貌的城市规划展示馆。广场的绿地和飞翔的白鸽更给人一种愉快、祥和的心情。不出百米范围，游客就能大致感受到上海这座城市的氛围。

人民广场

作为上海最大的公共广场，人民广场自身都有哪些风景？

建筑风景。在人民大道北面，有一座用2米多高的冬青拦起来的大楼，这就是上海市政府所在地——上海市政大厦。市政大厦东面是上海城市规划展览馆，西面是上海大剧院；与大剧院遥遥相对的，是位于人民广场南面的上海博物馆。而人民广场四周，则被中国电信等实力雄厚的大企业占据着，放眼望去，座座高楼把人民广场变成了一块谷地。

绿地风景。要说人民广场最赏心悦目的风景，就是面积达8万平方米的大片绿地了。由于地处亚热带气候，即使在冬天也是绿草如茵。绿地周

上海之旅
TRAVEL IN SHANGHAI

围有四季常青的树木，花坛里五颜六色的鲜花点缀着周围的喷泉、雕塑、艺术灯柱。广场中央有一座 320 平方米的圆形喷水池，每到周末和节假日就会喷出漂亮的水柱来。广场还有众多供游人休憩的木椅石凳，若是累了可以坐下来小憩，或观赏广场西部上千只羽毛洁白的鸽子起落盘旋。这些鸽子都是经过训练的广场鸽，你若走近给它东西吃，它就会栖在你的肩头，一点也没有怕人的意思。在春秋时节阳光明媚的时候，家长都会带小朋友前来和鸽子玩耍，看着蹒跚学步的孩子追逐鸽子的情景，很多人常常流连忘返。

People's Square

Where should be your first stop for Shanghai tour? This is it! People's Square!

As the heart-land of downtown area, this square is surrounded by numerous scenic spots and serves as the most convenient transfer station to such destinations as the Bund, Jinmao Tower, the Oriental Pearl Tower, Nanjing Lu, Huaihai Lu and the Temple of the Town Gods.

More than that, it is home to quite a number of so-called landmark architectures: the stunning Shanghai Museum, the great Urban Planning Exhibition Hall, the grand Municipal Building and the magnificent Shanghai Grand Theater. Within the range of 100 meters, tourists may get a better understanding of the city. But what impressed them most are the green belt and fluttering pigeons in the square.

上海大剧院

人民广场西侧是融会了中西方文化韵味的上海大剧院，皇冠般的白色弧形屋顶弯翘伸向天际，与具有光感的玻璃透明墙体巧妙组合，远远望去仿佛是一座水晶宫。

整个大剧院建筑面积达 7 万平方米，高 40 米，分地下 2 层、地面 6 层和顶部 2 层。剧院内有 3 个剧场：1820 座的主剧场拥有世界先进的舞台设备，用于上演芭蕾、歌剧和交响乐；550 座的中型剧场适合地方戏曲和室内乐的演出；250 座的小型剧场可以进行话剧和歌舞表演。

在大剧院八楼屋顶有一个宴会厅，适合举行大型酒宴和冷餐会。来宾既可通过透明的顶棚遥望星空，也能凭栏远眺人民广场的美景。地下一层有 12 个大小不同的排演厅、练声房、练功房和各类制景室、化妆室；底层还有文化展示厅和马克西姆咖啡厅。

自 1998 年起，上海大剧院便陆续上演了一批具有国际水准的音乐会、音乐剧、舞剧，著名的俄罗斯国家芭蕾舞剧院、英国皇家交响乐团都曾在此演出过，惟妙惟肖的音乐剧《狮子王》更是吸引了数以万计的上海市民。如果游人恰好赶上有音乐会演出，不妨进去感受一下大剧院的富丽堂皇，体验高雅音乐带来的美妙感受。

上海博物馆

人民广场南侧是上海博物馆。从远处眺望博物馆，整幢建筑是上圆下方的造型，寓意中国的传统说法"天圆地方"。

博物馆的圆形屋顶加上拱门的上部弧线，使整座建筑犹如一尊中国古代青铜器；若从高处俯视博物馆，则屋顶平面犹如一面巨大的汉代规矩镜的图案。到了晚上，中间圆顶 13 米跨度的玻璃采光球在泛光灯照射下更似一颗熠熠生辉的夜明珠。博物馆有 4 座高耸的艺术雕刻拱门，记录了文字和历史演变的进程；正门前两侧 8 只狮子和天禄的艺术石雕，表达了中国文化的无比璀璨。

上海博物馆的建筑面积约 4 万平方米。地下一层，地上四层半，建筑总高度 29.5 米。现开设 12 个专题陈列室，展品以珍贵文物为主。一楼为中国古代青铜馆、中国古代雕塑馆，二楼为中国古代陶瓷馆，三楼为中国历代书法馆、中国历代绘画馆、中国历代玺印馆，四楼为中国古代玉器馆、中国历代钱币馆、中国明清家具馆、中国少数民族工艺馆。

目前上海博物馆共藏有 12 万件珍品，另有中外文专业书籍 20 万册，在国内有文物"半壁江山"之称，在国际上也享有盛誉。

上海市政大厦

人民广场正北是上海市政府所在地——庄严的上海市政大厦。

大厦高 72 米，主楼 19 层。大厦的整体显示出"庄严、大方、朴素、明快"的特色。大门竖立着 10 根 9 米高的石柱，用宽大的

市政大厦
Municipal Mansion—Shanghai Municipality Office Block

花岗石为踏步，4层裙楼的外墙用花岗石贴面，象征政权的恒久与牢固；主楼用白色人造石贴面和蓝灰色垂直玻璃幕墙，既清新明快，又象征政权的清政廉明。细部处理上则采用了上海市花白玉兰图案作浮雕装饰，加上精致的线条，具有极佳的艺术效果。

因为是政府办公要地，大厦门前四周用2米多高的冬青围了起来。一般游人虽然与其近在咫尺，但也只能远观而不可近瞧。

位于市政大厦东侧的城市规划展示馆以"城市、人、环境、发展"为主题，运用高科技手段，形象生动地展示了上海市城市总体规划及建设成就。展馆地下一层还有仿旧上海建筑而造的市民休闲街，顶层有观光休闲大平台，视野开阔，逛完一圈，一定会不虚此行。

外滩—黄浦江一带

如果你来上海只是步履匆匆，而又不想与大上海的美景擦肩而过，那么外滩—黄浦江一带则是首选之处。因为这里不仅代表了当今上海的繁华，而且也浓缩了旧上海曾经的辉煌。具有百年历史的外滩万国建筑群，是上

夜晚的浦江两岸灯火辉煌
The night view of the Huangpu River.

海洋派风情大行其道的稳固基石，游客可在一幢幢各具风情的老建筑前感
受来自西方的异域文化；繁忙的黄浦江，是上海流淌时尚的生生不息的源
头，来回穿梭的船只和两岸的摩天大楼让人禁不住感叹现代文明带给上海
的华丽。

The Bund (along the Huangpu River)

If you only have a short stop at Shanghai, the glorious Bund is absolutely the first
choice since it not only represents the boom of new Shanghai, but also concentrates the
glory of old Shanghai. The Bund is famous for its colonial-style architecture complex
lining the street along the Huangpu River. Standing in front of such buildings, you may
feel the strong presence of the western culture and your thoughts may be brought back
to the long long time ago. The Bund can be visited either in the daytime or at night
where the ever-growing skyline of Pudong dominates.

外滩

外滩是沙滩吗？不是。

如雷贯耳的上海外滩又名中山东一路，全长约 1.5 公里。它东临黄浦
江，西面依次建有哥特式、罗马式、巴洛克式、中西合璧式等数十幢风格
各异的大楼，非常有气势，它们被称为"万国建筑博览群"。

百余年来，外滩一直作为上海的象征出现在世人面前。它原指旧上海
县城至苏州河南岸的黄浦江西岸的滩地，1845 年被辟为英租界。至 20 世纪
初，由于外国银行大量进驻上海，上海遂成为旧中国的金融中心，不少银
行或财团纷纷看中位置优越的外滩，于是在此大兴土木，营建豪华大厦。

外滩的老建筑，出自多位建筑设计
师之手，也并非建于同一时期，但它们
的建筑色调却基本统一，整体轮廓线条
的处理也是惊人的协调。无论是极目远
眺，或是徜徉其间，都能感受到一种雍
容华贵的气势。著名建筑有东风饭店、
海关大楼、和平饭店、中国银行大楼
等。每当夜幕降临，座座巍峨大厦互相
连在一起，在彩灯辉映下变成一条金黄

外滩的美女也会成为一道风景
The beautiful girl becomes another scenery
of the Bund.

色的长龙，绵延数百米。

来上海不到外滩等于没到过上海，不看外滩的夜景等于没看到上海的精髓，所以外滩的夜景无论如何是不可错过的。

黄浦江观光台

黄浦江观光台就是供游人观赏黄浦江风景以及对面东方明珠的地方。

观光台建于黄浦公园至新开河伸向浦江的空箱式结构防汛墙上，全长约 1700 米。它的地面是用 14 万块彩色地砖和花岗石铺成，观光台临江有 32 个半圆形花饰铁栏的观景阳台，64 盏庭柱式方灯。观光台上还有 21 个碗形花坛、柱形方亭和六角亭，以及供游人休息的造型各异的人造大理石椅子。

在观光台观赏黄浦江上来来往往的轮船，聆听悠扬的汽笛声，眺望对面东方明珠和林立的高楼，以及留影拍照，这些都是来上海旅游的保留项目。

黄浦江 Huangpu River

黄浦江观光游轮

浦江两岸荟萃了上海都市景观的精华，乘坐观光游轮游览黄浦江，是近距离感受浦江风情的传统方式。

目前在黄浦江上行驶的游轮有 30 多艘，因装饰风格各异，游人坐在船上会有不同的感受。其中，最耀眼的要数"奥丽安娜"号。

"奥丽安娜"号是一艘巨型英国皇家游轮，始造于 1957 年的英格兰，耗资 1400 万英镑，1960 年 12 月 3 日首航。在经历了 26 年的环球航行后，于 1986 年退役；在日本别府市经过改造后，成为世界上唯一的海上大型船舶博物馆，深受日本市民和海外游客的欢迎；1999 年春天，漂泊 40 多年的"奥丽安娜"号终于情定黄浦江。

在"奥丽安娜"号开放的 2 万平方米展区内，游客将会亲自领略到皇家游轮的非凡气派，同时还可品尝各式中西佳肴。

畅游黄浦江，一边聆听悦耳的汽笛声，一边可观赏横跨浦江两岸的杨浦大桥、南浦大桥以及冲上云霄的东方明珠广播电视塔。两座大桥像两条巨龙横卧于黄浦江上，中间是东方明珠电视塔，正好构成了一幅"二龙戏珠"的巨幅画卷；而浦江西岸一幢幢风格迥异、充满浓郁异国色彩的万国建筑与东岸一幢幢拔地而起的现代建筑则令人目不暇接。

黄浦江的夜景更是美轮美奂。华灯初上，浦江两岸一片灯火辉煌，国际知名品牌的巨幅广告灯仿佛在炫耀自己的尊贵身份，显示出大上海的繁华和国际大都市的风范。

黄浦江大桥观光

黄浦江从上游至下游已建成了 6 座大桥，分别是松浦大桥、奉浦大桥、徐浦大桥、卢浦大桥、南浦大桥、杨浦大桥。游客可以选择其中一座大桥感受一下黄浦江的壮观。

南浦大桥　南浦大桥总长 8346 米，主桥长 846 米，跨径 423 米，通航净高 46 米，桥下可通行 5.5 万吨巨轮。它是目前世界上第四大双塔双索面斜拉桥，呈"H"形的主桥塔高 150 米，上有邓小平同志亲笔书写的"南浦大桥"四个大字。主桥设有 6 条机动车道，桥面总宽为 30.35 米，两侧各设 2 米宽的人行道，游人可乘坐电梯到达主桥，一览浦江两岸的无限风光。

杨浦大桥　杨浦大桥与南浦大桥遥相呼应，是内环线高架连接浦东与浦西的过江枢纽，总长为 7658 米。呈倒"Y"形的主桥塔高 208 米，邓小

现代都市景观专线　Scenic Spots of Modern Metropolis

平同志为杨浦大桥题写的桥名镶嵌在主塔三角区内。大桥离浦江水面48米，桥下可畅通万吨级以的上船舶。主桥塔轻盈屹立，宛如大竖琴，鹅黄色的拉索形似琴弦；主桥桥宽30.35米，车道两侧设有2米宽的观光人行道，桥头堡以全玻璃幕墙装饰，并设有观光电梯，游客可以从地面搭乘观光电梯到达主桥面，凭桥观赏浦江两岸风光。

卢浦大桥　卢浦大桥是上海第六座跨江大桥，像澳大利亚悉尼的海湾大桥一样具有旅游观光的功能。与南浦大桥、杨浦大桥不同，"世界第一拱"卢浦大桥将观光平台安在巨弓般的拱肋顶端，不但使观光高度更高，而且需要游客沿拱肋的"斜坡"走300多级台阶步行观光，增加了观光性、趣味性和运动性。游客乘坐高速观光电梯直达50米高的卢浦大桥桥面，沿大桥拱肋人行道拾级而上，在"巨弓"背上大约攀登280米，登上100米高的拱肋顶端，站在篮球场大小的观光平台上眺望，浦江美景尽收眼底。

外滩观光隧道

外滩观光隧道是一处用高科技手段营造的隧道观光风景。

浦西出入口位于外滩陈毅广场北侧，浦东出入口位于国际会议中心南侧，紧挨东方明珠。隧道洞体全长646.7米，隧道内壁用高科技手段营造出各种奇异的色彩，黄色的海星，粉色的花朵，形状各异的几何图案，以及各种充满生机的地球生物，一切都引人遐思。

而穿越这一梦幻之旅的载客系统采用的是从法国引进的无人驾驶、环保型的SK车厢，银白色、全透明的车厢视野开阔，同时车厢内6声道高保真音响系统送出的音乐和音响效果与眼前的景观变幻相结合，使人产生一种身临其境的震撼。

外白渡桥

看过电视剧《情深深雨濛濛》吗？里面有一段依萍（赵薇饰演）跳桥的情景，那座桥就是上海的外白渡桥。

外白渡桥坐落在中山东一路外滩公园（今黄浦公园）边，苏州河与黄浦江汇合处。因它处于旧时的外摆渡处，人们过桥不付费，故称外白渡桥。这条横跨苏州河的铁桥共长106.7米，车行道宽11.2米，两侧人行道各宽3.6米，经多次改造，现载重为20吨。

游人可在这座古旧的铁桥上观赏苏州河、黄浦江风景，并拍照留影，留下旧上海的沧桑印记。

陆家嘴一带

现代都市景观专线 Scenic Spots of Modern Metropolis

陆家嘴金融贸易区地处浦东新区黄金地段，与曾经享誉中外的远东金融中心——外滩金融街隔江相望。

作为我国唯一被批准以"金融贸易"命名的开发区，陆家嘴已经吸引了100多家中外金融机构在此落户，包括美国的花旗银行、日本的富士银行、英国的汇丰银行等。此外，还有3000家国际大公司、大财团总部和各类公司落户于该地区，使陆家嘴成了浦东乃至上海最繁华的中央商务区。

在陆家嘴一带，不仅摩天大楼错落有致，现代化的国际风范彰显无疑，而且还有上海两大高度——东方明珠塔、金贸大厦；这里同样还有可以观赏黄浦江景的滨江大道，以及大片供游人休憩的绿地。

成为陆家嘴高楼大厦里的白领是很多年轻人的梦想
Many young people dream to become white-collars in the high buildings of Lujiazui.

Lujiazui

Lujiazui Financial and Trading Zone is located in the golden area of Pudong, just opposite to the financial street of the Bund. As the exclusive development zone named after "Finance and Trade" by the central government, Lujiazui has attracted over 100 domestic and foreign financial companies, including the Citibank, Fuji Bank of Japan, Hong Kong Shang Hai Banking Corporation (HSBC), etc. In addition, over 3,000 multinational companies including headquarters of big financial groups and various companies has settled in this section. Since then, Lujiazui becomes the central business district of Pudong and even in Shanghai.

现代都市景观专线 Scenic Spots of Modern Metropolis

The Jinmao Tower and the Oriental Pearl Tower are the highlights of the area. Here you can also view the Huangpu River in the Bingjiang Avenue and relax on the Lujiazui green belt.

滨江大道

黄浦江西岸有观光台，东岸也有观光的滨江大道。

从东方明珠塔下向西步行约 500 米，就到了滨江大道(现辟为公园)。滨江大道集防汛墙体、江边大道、亲水平台、音乐喷泉、游艇码头于一体，被称为浦东的"新外滩"。

它采用了具有层次的立体设计，在铺满鲜花绿草的坡地顶部，人们可以站在较宽敞的平台上一览浦西外滩气度不凡的美景。在滨江大道富都世界段，一个由旧码头改建的游艇码头独具情趣，码头上竖立了一个引人注目的巨大铁锚，由百余个喷水头组成的巨大喷水池中安装了彩灯，在夜色中大放光彩。

由于游人一般习惯在西岸观赏东岸的风景，所以东岸的滨江大道不似西岸的观光台那样人群拥挤。游客不妨漫步滨江大道，眺望浦西外滩全景，聆听黄浦江上传来悠扬的汽笛声，享受这份难得的静谧和安逸。

金茂大厦

金茂大厦耸立于陆家嘴金融贸易区中心，遥对东方明珠广播电视塔。

大厦由美国 S.O.M 公司设计，高 420.5 米，其主体建筑为地上 88 层，地下 3 层，其高度仅次于中国台北国际金融大厦(508 米)，马来西亚吉隆坡的双塔大厦(452)和美国芝加哥的西尔斯大厦(443 米)，是目前世界第四高楼。大厦荣获新中国 50 年上海经典建筑金奖第一名，第 20 届国际建筑师大会艺术创作成就奖等多项国内外大奖。

金茂大厦远看似一柄淡青色的宝剑直刺青天，近看则是由 8 根巨柱支撑、通体玻璃幕墙围成的参天巨塔。大厦是融办公、商务、宾馆等多功能为一体的智能化高档楼宇。第 3 ~ 50 层为可容

金茂大厦，就像一件精雕细刻的艺术品。
Jinmao Tower looks like a conscientious piece of work.

纳 1 万多人同时办公的办公区;第 51～52 层为全楼的机电设备层;第 53～81 层为世界上最高的超五星级金茂凯悦大酒店,其中第 56 层至塔顶层的核心筒是一个直径 27 米、阳光可折射进来、净高达 142 米的"空中中庭"。

距地面 341 米的第 88 层为国内迄今最高的观光层。两台每秒运行 9.1 米的直达电梯,只需 45 秒就可以将游客迅速而平稳地从地下一层送到 88 层观光厅。一出电梯门便给人一种豁然开朗的感觉,环顾四周,整个上海尽收眼底,就连著名的东方明珠也会在你的俯视之下。更令人叫绝的是,你还可以从观光厅内俯瞰金茂凯悦大酒店的中庭。中庭从 56 层起高 152 米,28 道环行灯廊,弧形墙面金碧辉煌,玻璃栏板和铜饰件流光溢彩,螺旋上升的环廊眺台让人仿佛进入时空隧道,要是没有心里准备,乍一往下看,会感到一阵眩晕。

因为其高度,也因为其周边漂亮的景致,金贸大厦吸引了众多国际低空跳伞爱好者。金秋 10 月,秋高气爽时节,一个个跳伞爱好者会从金贸大厦顶层鱼跃而下,自由落体的速度引得观者连连惊叫!可正当人们提着嗓子的一刹那,勇士们又会在离地面只有十几米的时候迅速打开背后的伞包,飘飘悠悠地降落在地面。那惊险刺激的场景,患有心脏病的人绝对要闭上眼睛!

因为门票价格相比东方明珠实惠,而景色又一样迷人,故不少游客选择金贸大厦作为俯瞰大上海的最佳去处。

★特别推荐:东方明珠

鼎鼎大名的东方明珠广播电视塔坐落于黄浦江畔浦东陆家嘴嘴尖上,与外滩的万国建筑博览群隔江相望。塔高 468 米,位居亚洲第一、世界第三高塔,于 1994 年 10 月 1 日建成。

设计者富于幻想地将 11 个大小不一、高低错落的球体从蔚蓝的空中串联到如茵的绿色草地上,两颗红宝石般晶莹夺目的巨大球体被高高托起,整个建筑浑然一体,创造了"大珠小珠落玉盘"的意境。

东方明珠电视塔
The Oriental Pearl Tower

东方明珠广播电视塔由 3 根直径为 9 米的擎天立柱、太空舱、上球体、下球体、5 个小球、塔座和广场组成。可载 50 人的双层电梯，速度高达每秒 7 米，只用 30 多秒就可把游人送到最高的观光处。

光彩夺目的上球体观光层直径 45 米，高 263 米，是鸟瞰大上海的最佳场所。当风和日丽时，举目远望，郊区的佘山、崇明岛都隐约可见。上球体有设在 267 米的旋转餐厅（每小时转一圈）、DISCO 舞厅、钢琴酒吧和设在 271 米的 20 间 KTV 包房向游客开放。

高耸入云的太空舱建在 350 米处，内有观光层、会议厅和咖啡座。空中旅馆设在 5 个小球中，有 20 套客房。

东方明珠科幻城位于塔底，有森林之旅、南极之旅、魔幻之旅、藏宝洞、迪士尼剧场、欢乐广场、激光影院、动感影院、探险列车等游玩项目，刺激得让人心跳。东方明珠塔下的国际游船码头有"浦江游览"旅游项目。

目前，"东方明珠"年观光人数和旅游收入在世界各高塔中仅次于法国的艾菲尔铁塔，位居第二。

The Oriental Pearl Tower

Standing by the side of Huangpu River, the 468-meter-tall tower is located at the tips of Lujiazui in the Pudong District, opposite to the Bund on the west bank. It ranks the tallest TV Tower in Asia and the third tallest in the world.

The designers magically set the eleven beautiful spheres of various sizes up from the green grassland to the blue sky with two giant spheres shining like rubies. The whole design is rich in poetic and pictorial splendor, which gives the tourist the impression that pearls of various sizes are dropping onto the emerald plate.

The sightseeing level in the upper sphere is 45m in circumference and 263m in height, offering a bird's eye view of the city. When it is sunny, it makes one relaxed and happy to see the distant views of Sheshan, Chongming Island and the Yangtze River. In the upper sphere, there houses the Revolving Restaurant, the Disco Hall, the Piano Bar and twenty KTV rooms.

The Space module, with a height of 350 meters, towers into the sky. Inside of which is set the Sightseeing Floor, Conference Hall and Coffee Bar. Hotel in the Air is in the five smaller spheres with 20 guest rooms altogether.

Now the Pearl Tower ranks second only to Eiffel Tower in terms of its increasing volume of the inbound tourists and tourism revenue annually.

上海城市规划展示馆

地址：人民大道 100 号

电话：63722077、63184477

门票：20 元/人

外白渡桥

地址：东大名路和黄浦路交会处

交通：公交 22、37、65、20 路等

黄浦江观光游轮

地址：中山东二路 153 号、219~239 号

电话：63500493、63744459

南浦大桥

地址：南马路 1410 号（观光办公室）

电话：63763155

杨浦大桥

地址：浦东大道 2175 弄 88 号（观光办公室）

电话：58854701

卢浦大桥

地址：鲁班路 909 号（观光办公室）

电话：800-620-0888

门票：80 元

外滩观光隧道

地址：中山东一路外滩 300 号（浦西），滨江大道 2789 号（浦东）

电话：58886000

票价：单程 20/人，双程 30/人

东方明珠

地址：浦东世纪大道 1 号

电话：58791888

门票：50、70、85、100 元。

营业时间：8:00~21:30

滨江大道

地址：浦东陆家嘴路 1 号

电话：58875487

金茂大厦

票价：浦东陆家嘴延安东路隧道口

票价：50 元（学生票 25 元）

交通：公交 82、85、574、583 或地铁 2 号线陆家嘴站下

都市里依然保留着传统
In Shanghai, traditon is still in.

古人也来参观上海风光
He is also attracted by the beautiful scenery
of Shanghai

老上海 景观专线
Old Shanghai Scenic Spots

挥不去的老上海情结

上海的景致，最绕不过去的，就是老上海留下的印记。

要领略上海的风情，老上海建筑是不能不看的，老上海歌曲是不能不听的，上海老街是不能不逛的。在这个灯红酒绿的现代化都市里，几乎每条街都留下了老上海的影子。石库门里弄的青砖，老式洋房花园里的香樟，外滩海关大楼的希腊多立克式柱廊，还有酒吧里老式留声机飘出的老上海电影歌曲，无不是在提醒人们——真正的风景在这里。

Old Shanghai Scenic Spots

The marked imprint of old Shanghai makes a feature of this modern city. When you stroll old streets, admire old buildings and listen to old songs, you'll have the strong feeling that nearly all the streets here are cast the shadow of old Shanghai. Black bricks of Shikumen house, camphor trees of old western-styled house, colonnades of the Customs House, and songs wafted up from phonograph, all of which remind us of the genuine landscape of Shanghai.

外滩万国建筑群

老上海留下的印记最为深刻、最具风情的，就是外滩那一幢幢具有近百年历史的西式老建筑。

外滩，即黄浦江江滩，一条曾经是船夫与苦工踏出来的纤道。150 多年前，当西方列强纷纷踏上上海这个远东的黄金口岸时，就看中了这片江滩，于是他们纷纷在这块风水宝地大兴土木，建造了一幢幢哥特式、罗马式、文艺复兴式、巴洛克式等欧陆风情的建筑。这是历史的见证，也是异域文化的蔓延。

号称"万国建筑博览"的外滩建筑群，北起苏州河口的外白渡桥，南至金陵东路，全长约 1500 米。当年沿黄浦江自北向南延伸排列的大楼有：英国领事馆（大门正对外白渡桥）、怡和洋行、老沙逊

外滩一幢建筑的门口
The doorway of a building near the Bund.

典型的欧陆风情
Typical Eurasia charm

洋行、仁记洋行、迪克逊医所、董氏兄弟洋行、颠地洋行、海关旧署……

这些建筑虽不是出自同一位设计师，也并非建于同一时期，然而它们的建筑色调却基本统一，深深印刻着传统的欧陆风格。无论是极目远眺或是徜徉其间，都能感受到当年老上海处处学习西方的痕迹，极力流露出一种雍容华贵的气势。

过去，这些大楼曾经是穿西装打领带的洋行老板和职员出入的地方；如今，这里不光是大楼里白领们的办公之地，也是普通老百姓观光、赏景的好去处。

The Galley of International Buildings in the Bund

Blocks of 100-year-old western buildings in the Bund are the deepest and most glamorous imprint of old Shanghai. The Bund, namely, the bank of Huangpu River, was a track road tracked by boatmen and sloggers. More than 150 years ago, when western powers set foot on this golden port of the Far East one after the other, the Bund got in their sight. They went in for large-scale construction and built diverse architectural styles at this valuable land: Gothic, Baroque, and Romanesque, to name just a few. These buildings are witness of both history and the western culture spreading.

Starting north from Waibaidu Bridge at Suzhou Creek and south to Jinling Donglu, the Gallery of International Buildings in the Bund stretches as long as 1,500 meters. These buildings include the former British Consulate, the Customs House, the former Hong Kong and Shanghai Bank, the Peace Hotel (one of Asia's Art Deco mas-

这华丽的大门已经有 100 年
A gorgeous door with century history.

terpieces and a favorite of Noel Coward's) and the Bank of China, etc.

Though these old buildings were designed by different architects in different eras, they were basically unified in the traditional continental style. Whether you see as far as you can, or wander about there, you will be impressed that old Shanghai learned from west at every turn and try to reveal its distinguished grace and richness to the utmost.

In the past, bosses and clerks with coat and tie from foreign firms were in and out these buildings all day. Nowadays, they are not only the office buildings of the white-collars, but also a good place to enjoy the scenery for the common people.

外滩 1 号 亚细亚大楼

旧称"麦克倍恩大楼",全国重点文物保护单位。现在使用单位是中国太平洋保险公司总部。

位于中山东一路延安东路口的亚细亚大楼素有"外滩第一楼"之称。它建于 1913 年,原为 7 层,后加了 1 层。大楼总体为钢筋混凝土框架结构,外观为折衷主义风格,正立面为巴洛克式,柱式以爱奥尼克式为主,底层拱圈用镇石,外墙用石面砖。

外滩 4 号 有利大楼

旧称"友宁大楼",全国重点文物保护单位。现在使用单位是新加坡佳通私人投资有限公司。

1922 年,旧屋拆除后建新楼,系上海第一幢钢框架大楼。大楼高 6 层,正立面仿文艺复兴风格,外装饰为巴洛克式,大门两旁有修长的爱奥尼克式柱,外墙用花岗岩贴面。整座建筑开间大,楼层高。

外滩 5 号 日清大楼

又名"海运大楼",全国重点文物保护单位。现在使用单位是华夏银行上海分行。

1921 年日清洋行在中山东一路 5 号兴建大楼，1925 建成。大楼由英商德和洋行设计，6 层钢筋水泥结构建筑。从表面上看，该大楼的基本构造与上海的其他近现代建筑没有太大的差异，但其线条处理以横线条为主，具有近代日本西洋建筑的特征。

外滩 6 号　中国通商银行大楼

又名"元芳大楼"，全国重点文物保护单位。现在使用单位是香港侨福国际企业有限公司。

此楼原是一幢 3 层砖木结构的房子，东印度式建筑风格。1906 年拆旧建新，由英商玛礼逊洋行设计，为假 4 层砖木结构，大楼外观呈英国哥特式建筑风格。装饰上具有欧洲宗教建筑色彩，青红砖镶砌，众多细长柱子勾勒墙面。大门入口竖有罗马廊柱。底层、二层为落地长窗，券状窗框，两肩对称。上层为坡式屋顶，并有一排尖角形窗。四楼南面为平台，是观赏黄浦江的佳处。

富有特色的大门装饰
A decorated door

外滩 12 号　汇丰银行大楼

又名"汇丰大楼"、"市府大楼"。现在使用单位是浦东发展银行。

此楼是外滩大楼群建筑中最显眼的一幢，建于 1925 年。其外形接近正方形，高 5 层，中部加上隆起的建筑为 7 层，上有一半球形屋顶。钢框架结构，外形呈仿古典的砖石结构，内部处理采用古典主义的形式，如爱奥尼克式柱廊，藻井式天花板等。室内装修考究，大厅内的柱子、护壁、地板均用大理石贴面，不仅装有暖气，还安装了当时最先进的冷气设备。

外滩 13 号　海关大楼

现在使用单位是上海海关。

该楼建于 1927 年。其建筑风格为欧洲古典建筑和近代建筑相结合的折衷式。大楼分为东西两部分：东部沿外滩高 7 层，用金山石砌筑；西部一直延伸到四川中路，高 5 层。沿外滩大门前为希腊多立克式柱廊，入口为大厅，内有繁复的石膏花饰和脚线，镶金和彩色马赛克的平顶。最高处为钟楼。

游客在外滩照相时，一定要把海关大楼的钟楼照上去，因为一看这个钟楼就知道是上海外滩。

外滩 17 号　字林大楼

又名"桂林大楼"。现在使用单位是美国友邦保险有限公司上海分公司。

该楼建于 1921 年，由德和洋行设计。大楼总高 10 层，三段式立面。底层立面用拉毛花岗石作贴面，正大门两侧各有一扇落地的罗马拱券长窗；中部立面 3～7 层的建筑外观采用近现代派简洁明快的设计手法，且饰以古典柱式和文艺复兴时期的浮雕，使单调的平面增加了一丝活泼；上段立面，两侧为券式窗洞，中间竖以双柱，形成内阳台。屋檐下原有 8 个裸体人物雕塑，后被水泥封没。

外滩 19 号　汇中饭店大楼

现在使用单位是和平饭店南楼。

1906 年拆旧建新，6 层砖木混合结构，总高 30 米。外观呈文艺复兴式建筑风格。外墙用白色清水砖砌成，镶以红色水砖做腰线。屋顶建有花园，花园的东西两侧各建一座巴洛克式凉亭，夏秋季节可以坐在东侧的凉亭内观望黄浦江潮水。1911 年，上海各界人士曾在这幢豪华饭店内庆贺孙中山先生就任临时大总统。

外滩 22 号　沙逊大厦

现在使用单位是和平饭店北楼。

沙逊大厦于 1929 年 9 月 5 日正式开张，由英籍犹太人爱丽斯·维克多·沙逊(Ellice Victor Sasson)建造，属芝加哥学派哥特式建筑，楼高 77 米，共12 层。大厦的 4～9 层为华懋饭店。华懋饭店以豪华饭店身份自居，无论是在建筑设计还是装潢艺术上，无不散发着欧洲古典宫廷艺术的气韵。

饭店落成以后曾名噪上海，并以豪华著称，成为旧上海的时尚地标，主要接待金融界、商贸界和各国社会名流，如美国的马歇尔将军、司徒雷

登校长,剧作家 Noel Coward 的名著《私人生活》就是在该饭店写成的。20世纪三四十年代,鲁迅、宋庆龄曾来饭店会见外国友人卓别林、萧伯纳等。

解放后,饭店于 1956 年重新开业,改名"和平饭店"。近年来,和平饭店对客房、餐厅等进行了更新改造,使其焕然一新,而建筑风格仍保持了当年的面貌,已成为一家著名的五星级饭店。

外滩 23 号　中国银行大楼

现在使用单位是中国银行上海分行。

1937 年建成,是外滩(中山东一路段)众多建筑中唯一一幢由中国人自己设计和建造的大楼,当时也是上海最著名的摩天大楼之一。此楼分东西两幢,西大楼为 4 层钢筋混凝土结构建筑;东大楼是主楼,高 15 层,地下层 2 层,共 17 层,钢框架结构。采用中国民族风格方形尖顶,每层的两侧有镂空图案,其他栏杆及窗格等处理富有中国民族特色。

中国银行大楼是近代西洋建筑与中国传统建筑结合较成功的一幢大楼。

北苏州路 20 号　百老汇大厦

又名"上海大厦"。现在使用单位是上海大厦饭店。

该楼建于 1934 年,22 层,高 88米。早期为现代派风格的八字式公寓结构,外部处理与内部装饰简洁明朗,外观气势雄伟,现为三星级饭店。该大楼曾为北外滩的制高点,其 18 楼宽敞的观景平台是鸟瞰外滩全景的佳处。

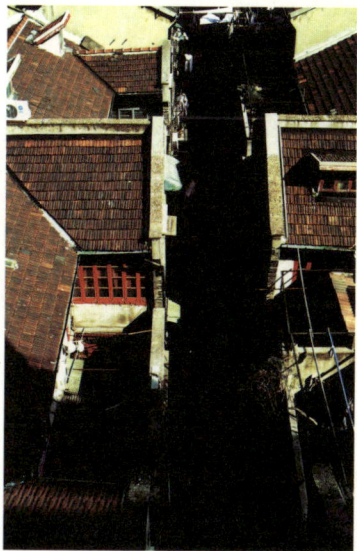

石库门里弄

说起上海,就经常会听到石库门,"石库门"已然成了上海的代名词。

石库门是什么? 它就是最具上海特色的居民住宅,即老上海普通市民居住的地方。

里弄的老房子一家挨着一家
Old houses stand side by side.

在现代化摩天大楼林立的繁华马路，也许只要稍向里转个弯，就会发现一条两旁长满高高的法国梧桐的阴凉小路，而梧桐树下有一个个宽敞的入口，门楣上写着"××里"，有的还在骑楼下面写着"1902"，再往里是一排排两三层楼高的房子，这就是石库门里弄了。

无论是来上海旅游的匆匆过客，还是外地落户的新上海人以及来自五湖四海的国际友人，关于石库门的一二是不能不知的。因为它们不仅仅是有着百年历史的上海民居建筑，而且盛满了一代代上海普通老百姓的喜怒哀乐。

Shikumen

Thriving in the late 19th century and early 20th century, Shikumen, a typical residence for the local people at that time, has become a synonym for Shanghai.

Built along narrow alleys, a typical Shikumen house features a stone-framed gate and a black wooden front door that leads into a small enclosed courtyard.

In many ways, it is indeed a gateway to the fascinating history of this largest coastal city of China.

熟悉的家门口
A familiar doorway

石库门的来历和变迁

漫步上海街头，你会发现很多老上海留下的东西都是西化的：教堂、花园洋房、有百年历史的百货商店的大门，就连普通百姓栖身的石库门里弄也不例外。这和一个世纪前上海的殖民地历史背景有着深切的关联。

第一次鸦片战争后，上海被辟为通商口岸，外国人被允许在此居住、经商。英、美、法、日等相继在此划定自己的势力范围，先后建立了英租界、公共租界和法租界、日租界，而老城一带则为华界。初期，这些界地各自为政，互不干扰。有些外国租界甚至在一些公共建筑门口挂上"华人与狗不得入内"的带有侮辱性的牌子。但受到 1853 年上海小刀会起义和 1863 年太平天国运动的影响，有钱人纷纷迁居租界，致使租界的人口急剧增加，住房问题日益突出。大多数外商很快将商业与兴趣转移到房地产经营中来。一些早期的著名洋行如老沙逊、怡和、仁记纷纷投巨资从事房地产经营。为了有利可图，他们乘机大肆建造低价位的住宅。设计师将欧洲的联立式住宅和中国传统的三合院和四合院相结合，创造出这种中西合璧的新建筑样式的里弄住宅。

石库门住宅多为砖木结构的二层楼房，坡型屋顶常带有老虎窗，红砖外墙，弄口有中国传统式牌楼，基本保持了中国传统住宅建筑对外较为封闭的特征，虽身居闹

老房子墙上斑驳的树影
Trees cast shadow on the wall of the old house.

老上海景观专线 Old Shanghai Scenic Spots

市，但关起门来却可以自成一统。于是这"门"也就变得愈加重要起来。它总是有一圈石头的门框，门扇为乌漆实心厚木，上有铜环一副。为了跟后来出现的新式里弄区别，它们被称为老式石库门。从整体看，一个个"石库门"单元被连排在一起，呈西方联立式住宅的布局方式，住宅与住宅之间就形成了一条条"弄堂"。在思南路周边地区建造于 1918 年的老渔阳里和新渔阳里可以说是典型的早期石库门里弄建筑。

新式里弄住宅出现于 20 世纪 20 年代后期的租界内，外形别致整齐，装修精致舒适，室外弄道宽敞，楼前庭院葱绿，居住环境优美，总体上比石库门更接近欧洲近代住宅的建筑风格。在这一片街区中，有复兴坊、万宜坊、花园坊、万福坊等众多的新式里弄住宅，而建于 1925 年的凡尔登花园（长乐村）和 1927 年的霞飞坊（淮海坊）就是其中的佼佼者。

20 世纪 30 年代后，新式里弄开始转向花园里弄，每一户门前都有庭院绿化，建筑标准更接近花园洋房。陕西南路和复兴中路交界中的陕南村就是其代表作之一。还有一些花园里弄，不是每家一栋或两家合为一栋，而

是和公寓一样，每一层都有一套或几套不同标准的单元，这种花园弄堂又称为"公寓式里弄"。如建于 1934 年的新康花园和建于 20 世纪 40 年代的永嘉新村等。

由于新式里弄有着良好的规划设计，无论是商贾巨富、军政要人，还是文化艺术界人士都愿意选择此地作为居所。以淮海坊为例，它南朝南昌路，北面是淮海中路，东面为茂名南路，有楼房 199 幢，规模很大。淮海坊 5 号是进步人士杨杏佛的住宅，著名科学家竺可桢住在 42 号，64 号曾经是许广平的寓所，鲁迅全集就是从这里开始筹备、编辑、出版的。著名文学家叶圣陶、一代画师徐悲鸿都在这里寓居过。

到了 1949 年，人民政府建造了大量的新工房，之后就再也没有新的里弄民居出现了。

解放前，石库门建筑占据了当时民居的 3/4 以上，如今还有 30% 的申城市民居住在这些有一个多世纪历史的老房子中。虽然随着城市建设的需要，石库门建筑正在一天天减少，但是提起石库门里的"亭子间"、"客堂间"、"厢房"、"天井"以及"二房东"、"白相人嫂嫂"、"七十二家房客"等与石库门有关的名词，老上海们还是津津乐道。

在一个阳光和煦的下午，你若走进石库门里弄，便会发现这里呈现的是一种与大街上看到的不一样的上海：有阳光的地方，底楼人家拉出了麻绳，把一家人的被褥统统拿出来晒着，花花绿绿的；修鞋师傅坐在弄口咚咚地敲着一个高跟鞋的细跟，旁边的小凳子上坐着一个穿得周正的女人，光着一只脚等着修鞋；还有弄堂里的老人，三五成群聚在有太阳的地方，用听不懂的上海话聊得不亦乐乎。

里弄民居
Local residences

History of Shikumen

With more and more foreigners came to Shanghai to try their luck since 1848, how to accommodate them became a big problem. Shukumen houses were the outcome at that moment.

Built by the foreign companies themselves, houses were usually put one after another in row after row, which mixed well the west and the Chinese architectural thoughts. A tipital Shikumen house is usually built along a narrow linong and features a stone gate. The black wooden front door leading into a small enclosed courtyard is called Tianjing, which is flanked by two wings. Upon entering the reception area, you will see stairs leading to the second floor and a garret facing north. The old Yuyangli built in 1918 and the new Yuyangli are representatives of such styles.

Very cozy, and basking in the sunshine, every Shikumen is like its own little world, a snail's shell into which the Shanghainese retreat after a long day's work. It can be the most romantic places despite their loud and worldly happiness.

Just around the corner, you can wander in a reverie of history down old streets where, through the cackles and the laughter of women and children, these cracked walls may whisper some of their secrets to you.

老上海景观专线 Old Shanghai Scenic Spots

石库门弄堂集锦

乌鲁木齐里 (Urumqili)：乌鲁木齐中路179弄，安福路、五原路之间。1937年建，有楼房178幢。

人安里 (Ren'anli)：牯岭路145弄，黄河路、白河路之间。清光绪二十七年(1901年)建，为金融业陈姓房产，其房产均以人字命名，故取名"人安里"。有石库门房屋51幢。

恒茂里 (Hengmaoli)：西藏南路68弄，金陵中路、宁海西路之间。约建于19世纪末，有楼房94幢。

酱园弄 (Jiangyuannong)：新昌路432弄，新闸路、青岛路之间。清光绪二十五年(1899年)建。因原有著名特色老店张振新酱园，故名。有石库门房屋43幢。

复兴坊 (Fuxingfang)：复兴中路553弄，瑞金二路、思南路之间。1928年建，有楼房95幢。

梅兰坊 (Meilanfang)：黄陂南路596弄，复兴中路、合肥路之间。1930年建。以业主吴梅溪、吴似兰名字中各一字命名。有楼房70幢。

淮海坊 (Huaihaifang)：淮海中路927弄，瑞金一路、成都南路之间。1924年建。初名"霞飞坊"，1949年以在淮海中路改今名。占地1.7公顷，有楼房199幢。

渔阳里 (Yuyangli)：淮海中路567弄，雁荡路、思南路之间。1912年建，有楼房33幢。渔阳里6号为中国社会主义青年团中央机关旧址，1961年列为全国重点文物保护单位。

左家宅 (Zuojiazhai)：淮海西路442弄，淮海西路西段北侧，凯旋路、番禺路之间。因明清间左姓居此，故名。宅地有果园，人称"富左家宅"。

亨昌里 (Hengchangli)：愚园路1376弄，定西路、安西路之间。1925年建，有楼房25幢。中共中央机关刊物《布尔什维克》在此创办，编辑部曾设在弄内48号（今34号）。

范园 (Fanyuan)：华山路1220弄，江苏路、平武路之间。1916年建。有英国式、法国式、西班牙式三层花园住宅12幢。业主自诩为当时模范的花园式洋房，故名范园。

涌泉坊 (Yongquanfang)：愚园路395弄，镇宁路、乌鲁木齐北路之间。1936年建，有楼房16幢。1989年列为上海市近代优秀建筑之一。

蕃瓜弄 (Fanguanong)：天目中路、共和新路交界处西北。1949年前为棚户区，相传弄中曾收获一特大蕃瓜 (南瓜)，人称"蕃瓜龙"，谐音"蕃瓜弄"。1965年改建成五层楼房的新村，沿用蕃瓜弄为新村名。北部保留棚屋残迹，为市级保护单位。

靖远街 (Jingyuanjie)：即今百禄坊。上海开埠初期外轮海员往来频繁之地，当时有粤人开设的樟木箱店，奉化人制作西服的裁缝铺等，外国海员称此处为"中国老街" (Old China Street)。

正红里 (Zhenghongli)：昌化路994弄。昌化路东，澳门路、长寿路之间。约建于20世纪20年代。初名东京里。抗日战争胜利后，为纪念顾正红烈士改今名。

老式花园洋房

经常在反映20世纪二三十年代豪门贵族的电视剧中看到这样的情景：一幢漂亮的洋房前，一片绿茵茵的草坪，花样的小姐、少爷们躺在树阴下的躺椅上，一边喝着咖啡，一边悠哉游哉地聊着天。

红砖绿阴，宽大的草坪，这样的花园洋房不仅仅是电视剧中的道具，在上海的徐汇、卢湾、静安、长宁等中心区，一些长满法国梧桐的幽静马路两旁，依然留存着解放前达官贵人、社会名流居住过的花园洋房。

上海开埠后，外国殖民者日渐增多，他们纷纷在上海建造了独院式的高级住宅。20世纪20年代起，中国的官僚、买办、实业家、艺术家纷起效仿，因而西式花园洋房在上海就逐渐多起来了。花园洋房大都有宽阔的草坪，绿树环绕，一些高级的洋房还建有网球场、游泳池，以显示宅邸的豪华。这些住宅有法国式、西班牙式、挪威式、英国乡村别墅式，可谓千姿百态，呈现出"海派"风格。

"海派"的也不仅是外观，走入一扇扇造型不一的门洞，我们似乎走进了另一个年代：木质雕花的楼梯扶手，略微蒙尘的彩色玻璃，图案复杂的拼花地板……还有红色的机平瓦，外挑的老虎窗，就连一个不起眼的门把

老式花园洋房
Old style Garden Houses

手，也因为经年摩挲产生的光泽透露了它的年纪，无一处不带着岁月沉淀下的优雅。窗户外面是葱茏的梧桐，梧桐外面是喧嚣的街道，仅仅隔开一堵墙，房子内外却是两种不一样的心境。

花园洋房比较集中的几条道路为：思南路、武康路、衡山路、岳阳路、湖南路、永嘉路、复兴西路，其他如溧阳路、多伦路、华山路、愚园路和虹桥路等地段也不少。

如今，这些曾经尊贵一时的花园洋房或者收为政府所有，成为机关、团体办公场所或者饭店、酒吧；也有归私人所有的，或几家合住、或一家独居，由于处在黄金地段，这些花园洋房售价皆在数千万元。

Old Style Garden Houses

In additon to Shanghai's high-rises, many quiet and elegant garden houses may also be astonishing.

Shanghai's garden houses, as an accommodation for the higher class, began to rise at the same time as the emergence of foreign concessions, the invasion of western colonialists and advancement of social economy. The garden houses were seen in its heyday when the new rich, artists and social elite of China followed the suit in building such houses since 1920.

Most of the earlier garden houses were built on the western bank of Huangpu River and along Kunshan Road in Hongkou District. They were ususlly seen with flourishing trees and lovely lawns and some luxurious ones were even equipped with tennis courts and swimming pools. Later, with the westward expansion of foreign concessions, a great many of which were scattered in Xuhui and Changning Districts along Wukang, Hengshan, Yueyang, Hunan, Yongjia, Hongqiao and West Fuxin Roads. Of all the detached garden houses, with a total floor space of 160,000 square metres, thirty-nine percent are in Changning District, nine percent in Luwan District and the remaining twenty-three percent in other districts, according to statistics.

思南路一带：无处不在的花园洋房

上海花园洋房最为集中、主人名声最大的莫过于思南路一带。漫步在这一街区，游客仍然可以真切感受到这片完全西化的高级住宅区的尊贵之处。

它的北面有古军营改建的法国公园，也就是今天的复兴公园；南有天主教伯多禄教堂，震旦大学（今上海市第二医科大学）和广慈医院（今瑞金医院）；东有法国学堂（今科学会堂）和法国总会（今花园饭店），距淮海路商业街仅百米之遥。

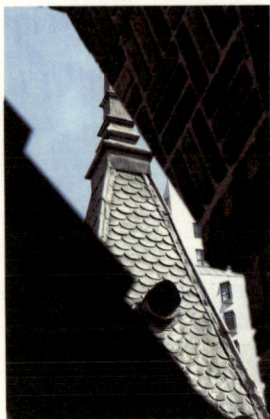

花园洋房的烟囱
The chimney of a garden house

建于 1921 年的思南路义品村，由 23 幢法国式的独立花园洋房构成。义品村 73 号住宅，就是大家熟知的"中国共产党代表团驻沪办事处"纪念馆，也叫周公馆，它是一幢三层楼的法式花园洋房。从 73 号周公馆出来，思南路 87 号为梅兰芳寓所，思南路 61 号为时任中华民国的江西都督李烈钧住宅，他的东邻是曾任国民政府湖南省主席的程潜。

从思南路拐到皋兰路，皋兰路 1 号为张学良故居，皋兰路 18 号是当年名闻上海滩的商界领袖虞洽卿住宅。这条路上还有著名的哲学家冯友兰的寓所。

如果从思南路拐到更短更幽静的香山路，

马勒花园
Moller Villa

你就可以看见香山路 7 号的花园洋房，门上挂着"孙中山故居"的牌子。短短的香山路上，还居住过原国民党立法院长孙科。

而和思南路相交的南昌路和复兴中路上，更是名人荟萃，既有政界要人，如"国民党元老重臣"吴稚晖、叶楚伧，中共创始人之一陈独秀、进步人士杨杏佛、何香凝、柳亚子的寓所，也有文化艺术界泰斗级人物，如刘海粟、林风眠、赵丹等的寓所。

除了观赏花园洋房，思南路附近还有很多可以逛的地方：繁华的淮海路，上海最聚人气的休闲场所——新天地，气氛浓厚的泰康路艺术街，飘着书香的出版街绍兴路，还有上海最有名的酒吧 Park97。

马勒花园

地址：延安中路陕西南路拐角处

在延安中路、陕西南路转角处有一组尖顶的花园洋房，现为上海团市委和市学联的机关所在地，是上海滩现存的上千处花园旧邸中最为玲珑精致的一处，它就是 1936 年建成的"马勒住宅"。

英籍犹太人马勒，1919 年来到上海，凭着头脑活络，不几年就成了百

老房子大红门上的门神
The door-god is posted on the red door of an old house.

万富翁。他的房子是挪威式建筑，外形凹凸变化很多，屋面陡峭，主塔高大，好像童话世界里的建筑。据说这组房子是依照马勒女儿的一个梦境设计的。梦中的小女孩不知不觉步入了一个童话世界，如安徒生笔下的小房子，都长满了尖尖角。梦醒后女儿将梦境画在了纸上，马勒颇有感触，遂命设计师依"梦"构图。由于马勒在上海以经营跑马和跑狗赌博为业，所以园中置有青铜马像和大理石墓碑的狗坟和马冢。

马勒虽是英籍犹太人，发迹却是在中国，所以楼房的外形虽是北欧挪威式，而花园和楼内装修的很多细节却颇有中国味。花园大门口，就像中国传统的豪门大宅一样，蹲有两只石狮子，花园里也散置着数头狮子，就连花盆的托盘也雕着狮子头。

主楼的内部构造活像一艘大轮船，尤其是楼梯部分，迂回曲折，由主楼梯又分出东西两翼，一翼通向"前舱"，另一翼通向"后舱"。有的窗户设计呈圆形，像船上的船舷，走在楼道里，就像渔民在船上一样。

丁香花园：李鸿章私家花园

地址：华山路 849 号

在今天的华山路（当年叫海格路），最令人注目的花园是一组中西合璧式的大花园洋房——丁香花园，这是上海滩百年来最负盛名、保存最为完好的花园洋房之一。

丁香花园是晚清北洋大臣李鸿章的私家花园。据民间野史传闻，这是李中堂为爱妾丁香所造，所以取名"丁香花园"。19 世纪 60 年代，李鸿章特聘当时的美国建筑大师罗杰斯来沪设计营造。

此园集西洋花园官邸建筑与中国江南园林建筑于一体，园中建有三幢西式花园别墅，其中 1 号楼即为李鸿章和丁香居住的丁香楼，3 号楼为藏书楼（2 号楼是 20 世纪 50 年代补建，风格并不统一）。藏书楼，又名"望云

草堂",其藏书、文物都极其丰富,可惜的是抗战中散失了不少珍本。藏书楼前种有香樟。

丁香花园的南面有一个漂亮的花园,楼房间环绕着蜿蜒起伏的龙墙,入口的洞门称为"龙门",有条鹅卵小径可通。园中有碧湖一泓,湖上有九曲桥通向湖心亭。因湖心亭素色琉璃瓦的八角攒尖顶上面昂然立着一只凤凰,故得名"凤亭"。

如今,丁香花园已对外开放,老百姓可以进去,看看150年前的花园洋房是何等气派。

影响了半个中国的宋家花园

地址:陕西北路 369 号

陕西北路上有一处高墙深院,终日很少有人走动,可当年进进出出的却都是民国史上有头有脸的人物,这就是影响了半个中国的宋家花园。

这处房子建于 1908 年,原是一个名叫约翰逊·伊索的外国人的别墅。1918 年 5 月,"宋氏三姐妹"的父亲宋耀如先生在上海去世,其夫人携子女移居于此,从而给这个花园带来了将近一个世纪的传奇。

倪太夫人的卧室在 2 楼正中,是整座小楼最好的房间,不仅阳光充足,冬暖夏凉,而且屋外有一宽敞的阳台,每当春暖花开的日子里,就算足不出户,也可领略到满园春色。倪太夫人卧室的左侧是宋美龄的闺房。另有两间是宋子安和宋子良的卧室。其他的宋家儿女当时都已成家,宋霭龄住西爱咸斯路(今永嘉路)、宋庆龄住莫里埃路(今香山路),宋子文住祁齐路(今岳阳路)。

1927 年 12 月 1 日,蒋介石和宋美龄在此花园完成宗教式婚礼。

爱庐:宋美龄的陪嫁

地址:东平路 9 号

也许大家都知道,蒋介石在庐山

老百姓依然保留着这样的生活
Ordinary people still keep their lifestyle.

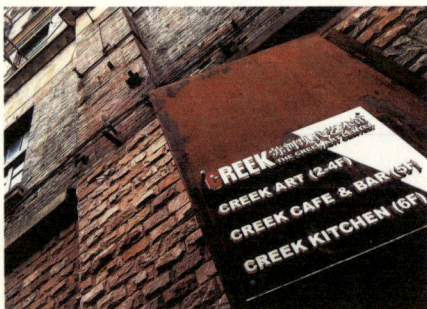
老房子总是受到艺术家的青睐
Old houses are always welcomed by the artists.

上有个"美庐",可就难知道"爱庐"与"美庐"以及杭州西湖边的"澄庐"实际上鼎足而三;其中以"爱庐"的历史最为悠久,是1927年蒋宋联姻后,宋氏兄弟赠送给宋美龄的陪嫁之物,以作蒋宋短栖上海的行宫别墅。

这幢洋房是典型的法国式花园洋房,房子高两层,由主楼和东西侧楼组成。外墙嵌着或黑或白或黄的五彩鹅卵石,屋面是孟沙坡面式的,上面铺着红色的平板瓦;二层的阳台弧度很小,显示了优雅收敛的贵族气质。蒋介石特别喜欢这幢房子,因为主楼与上海中山故居的风格非常相似,仿佛印证了他是孙中山当之无愧的"继承人"。

洋房南面是一块30余亩的大草坪,刻意散乱铺成的鹅卵小径尽头就是一泓碧水,与那株高四五丈的雪松遥遥相对,弥漫着幽幽的气息。树丛后玲珑的太湖石假山上,镌刻着蒋介石亲题的"爱庐"二字。

现在,这处花园洋房由上海音乐学院附中使用。

绘画大师刘海粟故居

地址:复兴中路512号

一代艺术大师刘海粟的故居坐落在上海复兴中路与重庆南路的交会处。这是一幢法国早期独立式四层楼花园住宅,沿街筑有高高的围墙。

进入大门,有一露天楼梯直通楼内。建筑的底层外墙面采用的是卵石装饰,二楼外墙面则是红砖清水墙,外墙上开有矩形和拱形等各式窗户,屋面是红瓦四坡顶,富有立体感。庭院内置有一些小盆景,四周墙上爬着攀悬植物,一到春天,满目苍翠。

这幢房子是由旧上海的实业家朱葆山所造。20世纪30年代,刘海粟租下后便一直住在这里,直到1994年8月去世,享年100岁。

1994年12月1日,凝聚着刘海粟毕生心血的艺术精品以及他收藏的宋、元、明、清历代珍品,被陆续从故居运出,全部捐献给了上海市文化局,它们将永远珍藏在刘海粟美术馆内,供世人观赏。

如今,故居墙上还挂着刘海粟的遗像,遗像两侧是一副耐人寻味的对联：“人莫心高自有生成造化，事由天定何须苦用机关”，落款是“八十一岁老人刘海粟”。

爱丁堡公寓：张爱玲上海旧居

地址：常德路 195 号

常德公寓，无疑是一幢非常女性化的大楼——肉粉色的墙面夹杂咖啡色的线条，多半是时间的关系，这幢大楼看上去暗暗的，仿佛沾染了灰。楼前一排梧桐，倒是依旧生机勃勃的模样。

这处坐落在静安寺附近热闹街头的房子，便是才女张爱玲的公寓旧居，当年的名字是爱丁堡公寓（Edingburgh House）。1939 年，张爱玲与母亲和姑姑住在 51 室；1942 年搬进了 65 室（现为 60 室），直至 1948 年。她笔下妙趣横生的《公寓生活记趣》，说的便是这座大楼里的喜忧了。

这里经常会有一些穿着入时的女孩子在公寓前拍照留念，想来是对张爱玲推崇备至的。

红色上海纪念地

旧上海不仅造就了成千上万个巨贾富商、社会名流，而且，她还是中国共产党的诞生地，许多震惊中外的历史事件在这里发生，留下了众多革命遗迹。这些遗迹向您讲述着一个个可歌可泣的故事，成为人们敬仰的人文景观和纪念地。

中共“一大”会址纪念馆

地址：黄陂南路 374 号

中共“一大”会址纪念馆是两栋具有 20 世纪 20 年代上海市区典型民居风貌的砖木结构的两层石库门楼房。

由于曾在这里召开了中共第一次代表大会，通过了党的第一个党章，成立了中国共产党，因此它具有极其珍贵的历史纪念意义。1961 年国务院公布此会址为全国重点文物保护单位。

纪念馆建于 1952 年，由“一大”会议室、中共创建史陈列室和革命史专题临时陈列室三部分组成。“一大”会议室的家具与物品均按当年原样陈列。中共创建陈列室有历史文献、文物和照片 170 余件，陈列内容为中国共产党成立的历史背景、各地共产主义小组的产生及其活动、中国共产党的诞生。革命史专题临时陈列室曾分别举办过毛泽东、周恩来在上海的史料展览。

中国共产主义青年团中央机关旧址

地址：淮海中路 567 弄 6 号

淮海中路 567 弄的渔阳里，是一栋一正一厢的上海旧式石库门房子，属于欧式联排建筑，风格独特。与沪上其他风情万种的老宅不同的是，她有一个雅号叫"中国青年的红色起点"。1920 年 2 月后，这里成为上海共产主义小组的活动场所。1920 年 8 月 22 日，中国共产主义青年团成立，团中央机关便设在这里，现为全国重点文物保护单位。

2001 年，上海市委和共青团中央对旧址进行全面整修扩建，并成立了旧址纪念馆。纪念馆包括序厅、中国青年英模展厅、上海青年运动史展厅等五个部分。

在历史照片、珍贵实物、艺术品、模拟场景等传统展示方式的基础上，旧址内还增加了青少年喜闻乐见的多媒体和互动项目，如多棱翻动牌、检索点播台以及融大屏幕投影、动态布景、幻影成像于一体的多媒体情景剧等，因此这里吸引了不少青少年参观者。

毛泽东故居

地址：静安区茂名北路 120 弄

在上海市中心威海路、茂名路交界处，现代化的高楼大厦和老式的民居门店后面，掩映着一栋上海旧时的石库门老房子。这幢楼的 7 号，就是毛泽东和夫人杨开慧在 1924 年 2 月至 12 月住过的地方，现已建成毛泽东旧居陈列馆。

毛泽东故居建筑面积 520 平方米，一楼展厅为主题陈列室，介绍了 1924 年 2 月至 12 月毛泽东在上海期间的工作、生活情况。毛泽东一生曾 50 多次来上海，其中，1927 年之前就曾 10 次到过上海，因此在上海不少地方都保留有毛泽东的旧居。此处是他第 9 次来上海时居住的地方，这里不仅是他住得最长的一次，也是最富家庭生活气息的一次。

当时，毛泽东除任中共中央局秘书外，主要是在国民党上海执行部任组织部秘书和文书科代理主任，为巩固国共合作、推进国民革命而工作。

杨开慧除料理家务、帮毛泽东整理文稿外，还去工人夜校讲课，从事工运和妇女工作。

在石库门楼上，有《毛泽东在上海》图片资料展。参观者可以看到孙中山亲自提名毛泽东等十七人为国民党中央候补执行委员的公函，以及毛泽东出席国民党一届一中全会时在签名簿上的签字等珍贵史料。

周公馆（周恩来寓所）

地址：思南路 73 号

周公馆位于卢湾区思南路，为一幢三层楼花园洋房，是中国共产党代表团驻沪办事处旧址。1946 年 5 月，根据"双十"协定，周恩来率领中共代表团前往南京与国民堂进行谈判。6 月代表团在沪设立办事处，因当时对外用周恩来寓所的名义，故又称"周公馆"。

周公馆建筑外墙以水泥拉毛装饰，红瓦屋顶，红色百叶窗，简洁而大气。一楼有厨房、卫生间、浴室、佣人房、储存室等；二楼是大起居室，有宽敞的餐厅，还有一间主卧室；三楼有三个卧室，其中两间带卫生间。住宅前有一个约 300 平方米的向南花园，在绿茵茵的草坪中央有一棵枝叶茂盛的大塔松，沿花园周边还种有一些郁郁葱葱的树木。

孙中山故居

地址：香山路 7 号

上海香山路 7 号（原莫利爱路 29 号），是我国民主革命的伟大先行者孙中山和他的夫人宋庆龄 1918 年至 1924 年在上海的寓所。孙中山逝世后，宋庆龄继续在此居住到 1937 年。这幢楼房是当时旅居加拿大的华侨集资买下送给孙中山的。

故居楼下是客厅和餐厅，楼上是书房、卧室和小客厅。故居的陈设绝大多数是原物原件，并根据宋庆龄生前的回忆，按 20 世纪二三十年代时的原样布置的。孙中山曾在这里总结他几十年革命的经验，完成《孙文学说》、《实业计划》等重要著作，并在此第一次会见中国共产党

孙中山故居
The Former Residence of Sun yet-sen

老上海景观专线 Old Shanghai Scenic Spots

代表，促成了第一次国共合作。

1961 年，孙中山故居被国务院列为全国重点文物保护单位。

宋庆龄故居

地址：淮海中路 1843 号

宋庆龄故居主体建筑为一幢乳白色船形的假三层西式楼房，宋庆龄于 1948 年底迁到这里居住，是宋庆龄长期居住和从事国务活动的地方，里面收藏了许多具有珍贵历史价值的文物，已被列为上海市重点文物保护单位。

故居旁的长方形庭院，铺展着一大片青翠的草坪，数十株终年茂翠的香樟环抱着建于 20 世纪 20 年代初期的白色楼房。

现在屋内的陈设一如她生前的原样，楼下的客厅雅致朴素，进门便能看到林伯渠所赠的"百鸟朝凤"石刻。客厅北墙正中，挂着孙中山先生的遗像。南面墙上，有毛泽东主席 1961 年来看望她时的留影，还有周恩来和陈毅的合照。客厅东面是藏书室，西面是餐厅。楼上是卧室和书房，陈设均很简朴，陈放着她生前使用过的英文打字机，以及笔、墨、砚台等物。

鲁迅故居

地址：山阴路 132 弄大陆新村 9 号

这里是鲁迅先生生前最后住的地方，也是他逝世的地方，这座红砖红瓦、砖木结构的三层小楼的外形颇具他故乡绍兴民间住宅的风格。1933 年 4 月到 1936 年 10 月 19 日鲁迅先生居住于此。1936 年 10 月 19 日凌晨，鲁迅在这里与世长辞。

鲁迅故居是上海市文物保护单位，也是新中国成立后的第一个人物纪念馆，馆名由周恩来总理亲题。

龙华革命烈士陵园

龙华革命烈士陵园位于龙华路上，毗邻古刹龙华寺。原为国民党淞沪警备司令部旧址和龙华革命烈士就义地，在此被关押和杀害的共

龙华烈士陵园
The Memorial Mausoleum to the Martyrs in Longhua

产党人及革命义士数以千计。1949 年解放后，这里作为革命烈士纪念地予以保护。1985 年，经中共中央、国务院批准新建成现在的龙华革命烈士陵园。

这是一个以革命传统教育为主的纪念地，占地 19 公顷，辟有纪念瞻仰区、墓区、老干部骨灰存放楼、碑林区等，其中龙华革命烈士就义地现为全国重点文物保护单位。

★特别推荐：老上海历史收藏馆

在方浜中路的上海老街，有一家与老上海茶馆设在一起的老上海历史收藏馆。这里摆设的都是 20 世纪三四十年代老上海使用过的物品，如果你想了解老上海的生活，这个地方值得一去。

各类大大小小的在各个时期出版的老上海地图挂在整个墙面上，楼梯口的账台上有一台老式电话机和一本 20 世纪 40 年代的英文版上海电话号码簿，另有旧时的书刊杂志，展现了民国时期上海各行各业的风情及市井百态。陈列的实物更为丰富：从煤气灯、饼干听、牛奶瓶，到钉书机、血压计、华氏温度表，还有消防灭火器、警棍、汽车牌照、脚踏车牌、门牌，甚至花旗银行的支票簿，以及两台有着百余年历史的磅秤、一双 20 世

上海的怀旧无处不在
The reminiscence is everywhere in Shanghai.

老上海景观专线 Old Shanghai Scenic Spots

纪 30 年代手工制作的 "鹤鸣" 牌男式皮鞋……每件物品都体现了当年老上海的生活情形。

这里还为你提供质优而上等的茶及茶点，挑一个临窗的座位，一套茶具、一碟小点，点上一根烟，环顾四周的藏品……每位品茗者在此都能亲身感受到 20 世纪三四十年代甚至更为久远的上海风情。

The Collection Museum of Old Shanghai

Sitting beside the old Shanghai Teahouse on "Shanghai Old Street"at Fangbang Zhonglu, there has an antique museum where showcases the best collection of Old Shanghai articles. All of which were used in old Shanghai of the 1930s and 1940s.

On entering the hall, all kinds of maps at different stages are hung on the wall, an old style phone and an telephone directory in English version in 1940s are put on the check-out desk beside the stairs. Also exhibit here are old magazine and books, kerosene, cookies tin, milk bottle, stapler, blood-pressure meter, thermometer, fire extinguisher baton, car plate, checkbook of National city Bank of New York, scale, leather shoes, etc.

If tired, you may take a seat near the window, or try some tea and pastries or just have a cigarette. Your thoughts may bring you back to the times long long ago.

中共一大会址纪念馆
地址：黄陂南路 374 号
电话：53832171
门票：3 元/人，成人团体 2 元/人，学生团体 1 元/人
交通：地铁 1 号线（黄陂南路站），公交 24、109 和 926 路等线

中国共产主义青年团中央机关旧址
地址：淮海中路 567 弄 6 号
交通：公交 920、146 路等，地铁 1 号线

周公馆
地址：思南路 73 号
电话：64730420
交通：公交 24、17、96 路等

孙中山故居纪念馆
地址：香山路 7 号
电话：64372954
交通：公交 42、926、911、17、96 路

宋庆龄故居
地址：淮海中路 1843 号
电话：64376268
交通：公交 126、926、911、02、44、48 路

宋庆龄陵园
地址：宋园路 21 号
电话：62758080
交通：公交 72、73、113、911、48、224 路

鲁迅故居
地址：山阴路 132 弄大陆新村 9 号
电话：56662608

龙华革命烈士陵园
地址：龙华路 2887 号
电话：64685995
交通：公交 73、41、44、56、104、864 路等

狂街 购物专线
Shopping in Shanghai

在上海 shopping 的理由

浏览了现代化都市景观，接下来就是令人兴奋的逛街购物了。

也许不少人会疑虑：上海的东西是不是太贵？非也！那只能说明你不了解上海。

在上海，各种档次的商店及各种档次的东西应有尽有。就拿衣服来说，有几千、几万元一件的高档衣服，也有几百元一件的中档衣服，更有几元、几十元一件的小摊档衣服，而且也并不见得差；上海还有很多有特色的小店，旗袍、东南亚风情、波西米亚等各种风格无处不在，关键是要有一双火眼金睛和一种大浪淘沙、不达目的誓不罢休的精神。

上海值得逛的地方数不胜数，就看你要买什么东西和什么档次了。

南京东路：名声最大，外地游客必逛。因为这里不仅可以买东西，它还是上海商业的百年老街，且不说在其中的名店、老店中可以尽览上海的特色商品，单是一路走来，就仿佛走入从历史到现代的店铺进化博物馆。

南京西路：世界顶级品牌聚居地。尤其是梅龙镇广场、中信泰富和恒隆广场三大商场，环境豪华、气派，与购物环境相匹配的是它们的国际品牌和不菲的价格，在这里低于千元的商品不是太多，一件看起来不怎么样的夏天上衣标价也要上万元。

淮海中路：高档、中档皆有，适合白领阶层。各大商店和专卖店里不仅有数千元价位的商品，还有大量普通人可以接受的几百元价位；尤其是从淮海中路分出去的两边小路，特色小店很多。淮海中路还是时尚青年男女出入的地方，有人说"上海的美女都在淮海中路"，个中原因不言而喻。

徐家汇：也是高中档商品齐全的聚集地，每到周末，人流如织。

四川北路：上海北区的繁华商业街，中低档居多，适合工薪阶层。

豫园商城：如果你想购买物美价廉的小商品，就去豫园—城隍庙一带的小商品世界，那里会有你意想不到的收获。

七浦路：如果你想买点漂亮时髦的衣服，却又有些囊中羞涩，可以去七浦路服装批发市场淘一淘，那里是年轻 MM 们爱逛的地方。

……

除了热闹的商业街，上海还有很多特色街、特色店，如卖书的、卖艺术品的、卖古玩的、卖花鸟的……可以逛的地方实在太多太多，只要你准备一双舒服的鞋子，逛一整天你都不会嫌烦。当然，最重要的是要带足银子！

Shopping in Shanghai

Shanghai has been famed as "the Shopping Paradise" and "the Oriental Paris" in history.

The following are the most famous shopping areas in Shanghai.

Nanjing Lu is a must for all visitors. Nanjing Donglu is primarily a pedestrian street and the shopping level is rising as more and more luxury brands open boutiques here. At one of the pedestrian zone, there are Raffles City (Tibet Rd and Fuzhou Rd), the New World Mall and the well-known Shanghai No.1 Department Store. Just below People's Park and People's Square is the "D-Mall", which has many small shops selling trendy, up-to-date clothes and accessories—bargaining is a must here.

Nanjing Xilu offers you a number of high-end shopping malls like Plaza 66 (Heng Long Square), CITIC Square (Zhong Xin Tai Fu) and Westgate Mall & Tower (Mei Long Zhen), as well as a collection of brand name stores spreading along the Nanjing Lu.

Huaihai Lu, an elegant and cultural commercial street, attracts thousands of young people who seek after the latest fashion trends. With malls springing up all along

淮海路的夜晚
The night view of Huaihai Lu

Huaihai Zhonglu and store-fronts lining every meter of the pavement, you could easily spend all your time indoors, hardly taking a step or two on the pavement before ducking into another shop.

Sichuan Lu, a popular commercial street, is specially favored by the working class.

Xujiahui is the assembly area of top-grade and secondary grade commodity, swarming with people on weekends.

Yuyuan Bazaar is a famous and traditional small commodity street.

The Qipu Lu Market is huge and caters to the locals with a wide choice of trendy clothing and household fabrics as well.

南京东路步行街

南京路步行街
Pedestrian street in Nanjing Lu

南京路是上海最热闹最繁华的商业街，被誉为"中华商业第一街"。它东起外滩，西至静安寺与延安西路交会，全长5.5公里，穿越26条马路，横贯上海市区中心，以西藏中路为界，分东西两段。西藏路以东称南京东路，以西称南京西路。

南京路始建于1851年，原是一条东西向的田间小道，位于今天外滩至河南路。1853年福利公司开业，1862年屈臣氏、老德记药房等14家洋行、9家洋布呢绒庄等在此开设。随着城市的发展和舶来品的大批涌入，南京路商业急速发展，相继开设了数以百计的大店、名店，南京路遂逐步向西延伸至西藏路、静安寺。随着"永安"、"先施"、"新新"、"大新"、"中国国货"五大百货公司的崛起，南京路遂成为上海乃至全国最繁华的商业大街。

解放后，经过全面改造的南京路成为上海闹市的中心，在这里汇集了数百家现代化商厦、中华老字号商店及名特产品商店。

1999年，南京路东段被改建成中国第一条全天候步行街。全长1033米的南京东路步行街，西起西藏中路，东至河南中路，步行街的东西两端均有一块暗红色大理石屏,上面是江泽民题写的"南京路步行街"6个大字。这条步行街是在国庆50周年时落成的。

走在步行街上,到处是熙熙攘攘的人群。彩色的铺路砖石,统一的路心售货亭,两边各类时尚商店,设计别致的城市雕塑,路中间的各式花坛,还有走累了随处可坐的暗红色大理石椅凳,把步行街装点得休闲热闹。尤其是华灯初上,商家纷纷亮起彩色的霓虹灯,整条街一片通明。

看着华丽的橱窗,怎不动心?
Attractive shopwindow

购物推荐

步行街上跟人一样多的就是各种商店了:百联世茂国际广场、上海第一百货商店、置地广场、华联商厦、伊都锦商厦、时装公司、新世界城、青少年儿童购物中心、永安百货、友谊欧洲商城第一食品商店、新华书店南京东路店……

尤其是原来的"四大公司",即上海市第一百货商店(原"大新公司")、华联商厦(原"永安公司")、上海时装公司(原"先施公司")和第一食品商店(原"新新公司"),更是值得一逛。

上海市第一百货商店于1949年10月20日正式成立,原名"大新公司",与新中国同龄,是上海解放后的第一家国营百货商店,1952年改现名。经多次改建,现已有老一百大楼和一百东楼两幢相邻的高楼。该店连地下商场共7个楼面,总面积达2.3万平方米。商场内的布局及档次多属于中档消费,丰富的商品、公道的价格和优质的服务,使第一百货商店成为工薪阶层和外地游客首选商店。

华联商厦前身是永安公司,1969年改名为"上海第十百货商店",1987年改建为华联商厦。1994年经再次改建后,成为上海一家现代化的大型百货商店,连续数年在全国百货行业销售额排行榜上位于三甲之列。

上海时装公司前身是先施公司,1956年改名,它曾经是上海最大的专业服装商店,一度引领了上海时装的潮流。不过,现在的时装公司已经定位在40岁以上的顾客了。

　　上海市第一食品商店前身是新新公司，1956年改现名，它是上海最大的综合性食品商店，经营各种南北货及进口食品。走进第一食品商店，确实是琳琅满目，能够看到全国各地不同的特产，就连本地的老上海人都爱来这里买东西。

南京西路

　　不同于南京东路的熙熙攘攘，南京西路要优雅安静得多。这里是上海的高档地段，不仅地理位置优越，而且聚集了国际知名企业的高档写字楼，扬名万里的上海商城和荟萃IT精英的南证大厦，遍布着40家世界500强的分支机构。高档办公区的存在，又孕育了南京西路以国际顶尖品牌出名的高档商厦，其档次比淮海路更胜一筹。

　　整个南京西路分五大板块：第一大板块是石门路地区，它东起成都北路、西至茂名北路，这一地区定位为文化传媒、公共活动区；第二大板块以梅龙镇广场、中信泰富广场、恒隆广场为核心，三大商厦互相毗邻，形成商务办公、休闲时尚、品牌购物中心区；第三大板块是展览中心区，这里以波特曼丽嘉酒店、嘉里中心、上海展览中心为核心，形成商务办公、会展、酒店服务区；第四大板块为静安寺地区，这里以静安寺为中心，东起常德路，西至乌鲁木齐北路，定位是商业购物、公共活动、办公酒店区；第五大板块为协和世界地区，它位于乌鲁木齐北路和镇宁路之间，这一地区的定位是商、办、住综合区。

购物推荐

商店里每天都有这样的促销活动
Sales promotion are displayed on everyday in the stores.

　　说到购物，南京西路有人称"金三角"的梅龙镇、中信泰富、恒隆三大广场，以及附近的久光百货、亚新生活广场、金鹰国际购物中心等多家大型商场。梅龙镇广场、中信泰富和恒隆广场都拥有宽敞的中庭共享空间，氛围安静而优雅；在销售模式上都采取了专卖店为主的经营形式，以国际知名的品牌商品为主导，带动其他商品的消费。

以梅龙镇广场（梅龙镇伊势丹）为例，它是日本株式会社伊势丹继淮海路华亭伊势丹之后在上海投资的第二家分店，面积是华亭伊势丹的3倍左右，达1.6万平方米，有7个楼面的商品。在1F有化妆品、女式皮鞋以及各类型的服饰配件，2F有不同类型的少女装、皮包以及女士饰品，3F有淑女装、内衣、睡衣、咖啡厅以及面包房，在4F您可以找到各国名牌精品专柜以及珠宝、钟表和美容院，5F有各式各样男式的服装、皮鞋以及饰品等，在6F您能买到运动服装、体育用品、孕妇装、儿童服装及玩具，7F有文具、眼镜、家用电器、家庭用品、洗衣店、彩扩及日本食品。

淮海中路

淮海路分为淮海东路、淮海中路及淮海西路，全长约6公里，跨卢湾、徐汇和长宁三区，是上海市区最长的东西干道之一。单以购物而言，又集中在淮海中路。

说起淮海路的历史，也是达百年之久，曾经五易其名。这条路开筑于1901年，原名"宝昌路"，10年后改为以法国

富有特色的上海故事
Distinctive "Shanghai Story"

军人霞飞命名的"霞飞路"。俄国十月革命胜利后，许多白俄逃亡上海，在霞飞路上设店开铺，人称"罗宋大马路"。日本占领上海时期，改名为"泰山路"。抗战胜利后又改名为"林森路"。1949年上海解放，为纪念中国人民解放战争中著名的三大战役之一 —— 淮海战役的胜利，这条路遂改为"淮海路"。

如今的淮海路已经成为上海的标志性商业街，一条堪与巴黎的香榭丽舍、纽约的第五大道、东京的银座、新加坡的乌节路媲美的大街。

太平洋百货、百盛购物中心、巴黎春天、二百永新、第一百货淮海店、大上海时代广场、中环广场等购物中心每天都是人来人往，国际顶级品牌

巴黎春天百货公司
A grand department store

云集的美美百货、连卡佛、华亭伊势丹等是对衣着讲究的精英们经常光顾之地。

即使不购物，没事的时候也可以漫步淮海路。因为街道两边不少商店都弥漫着欧陆风情的老建筑，大大的窗玻璃可以当镜子照，大理石的墙壁坚固而又耐看。而且，淮海路还是上海青年人的时尚地标，最酷的发型、最时尚的服装，往往都首先出现在淮海路上。

购物推荐

从地铁1号线陕西南路站出来，游客基本上一整天都不用到其他地方逛了，因为这一地段是淮海路最为集中的购物区，无论是大商店、专卖店，还是特色小店，都为数众多，而且互相毗邻。

在地铁口的综合性大商店有：百盛购物中心、巴黎春天、二百永新，往东走一点有华亭伊势丹、新华联商厦，往西一点点就是处在常熟路口的顶级品牌集中的美美百货。

其中，又以百盛最为年轻人喜爱，因为这里的衣服比较时尚，紧跟潮流。加上交通方便，位置显著，据说每天在百盛门口等待和朋友接头逛街的就达数万人。

巴黎春天是沪港合作大型商业零售商店，由闻名欧洲的法国巴黎春天百货公司策划及管理，糅合了法国百货精粹、上海消费市场触角和香港企业精神，建筑外观呈古朴、典雅的欧式风格。

连卡佛商厦是国际时装精品店，各品牌专卖店及时尚男士服装均设于一楼，女装部、女装鞋部、首饰部及家居部则设于二楼。连卡佛搜罗了世界各地的时装品牌，男装如 BCBG Max Azria、NewYork Industries、Pal Zileri、Theory、Verrl、M. Missoni、UTH 等，女装如 Betty Barclay、BCBG Maz Azira、Betsey Johnson、Catherine Maandrino、Cerruti 1881、Eleen Fsher、

Laundry、Philosophy di Alberta Ferreti、St.John、Tahari、Whistl6S 等知名品牌。

此外,淮海路的女性用品也闻名遐迩,上海市妇女用品商店至今仍是女性青睐的地方,而老字号特色店如古今内衣、上海钟表商店、全国土特产食品商店等也是顾客不断。

徐家汇

徐家汇是上海西南部的商业中心,以高、中、低、廉并举的独特魅力吸引着愈来愈多的客流。这一带也是商场林立,不仅有大型综合购物中心,还有专业的电脑城,更有丰富多彩的地铁小店。

同时,徐家汇周边还有龙华旅游城、衡山路休闲街、宜山路建材家具街以及众多社区购物中心。另外,上海天文台、徐家汇天主教堂、徐家汇藏书楼等重要文化机构都落户在这里。

购物推荐

大型购物中心有港汇广场、东方商厦、太平洋百货、第六百货、汇金百货等。

港汇广场建筑面积达 13 万平方米,环境较为开阔,内有 250 个品牌商铺、33 间特色餐饮,还有 5000 平方米的美食广场等。

东方商厦以零售为主,兼营批发,经营的商品品种达 6 万多种,主要有:包装食品、日用小百货、小家电、洗涤化妆品、黄金珠宝、钟表眼镜、工艺礼品、地毯、陶瓷、玻璃器皿、名烟名酒、服装鞋帽、玩具、家具、办公用品、床上用品、装潢建材、照相器材、乐器、健身器械、计算机、家用电器等,各种商品可谓应有尽有。

太平洋百货主要以化妆品、鞋子、衣服等商品为主,品种齐全,适合年轻女孩的时尚服装较多。

汇金百货基本上是女装的天下,从少女到成熟女性,都有相应的品牌可供选择,而且价位不算太高。

徐家汇还有卖电子产品的美罗城、太平洋数码广场,要想挑选电脑、数码相机,这里的选择余地很大。美罗城底层还有美味云集的小吃广场。

豫园—城隍庙

　　豫园是一处有着400多年历史的园林，城隍庙是上海道教主要道观之一，两个地方相邻。这一带不仅是游览观光的好地方，更是购物的好去处，不仅有小商品、土特产和特色商品市场，而且还有各种名点小吃。

　　豫园商城的商业特色可以概括为四个字：小、土、特、多。

　　小：小商品。商城共开设了50多家专业特色店，经销品种达1200余种，堪称"小商品王国"。

　　土：土特产商品。五香豆、梨膏糖……南北土特产样样俱全。

　　特：特殊需要的商品。顾客在这里可以找到"千人需一，万人需一"的特种商品。

　　多：品种多，规格多，满足了各类消费者的需要。

　　其中，在豫园的侧面有一条富有明清建筑风格的小街，名叫福佑街，街上数十家老字号商店鳞次栉比，一色花格栏栅的门窗，飞檐翘角的屋脊，古式彩绘的牌匾，远远望去，那迎风招展的"大王旗"，已明白无误地告诉你，这儿有"刀剪大王"、"纽扣大王"、"线带大王"、"手杖大王"、"筷

豫园里摩肩接踵的游人
Crowded tourists in Yuyuan Garden

子大王"、"渔具大王"……

小商品一条街荟萃了上海城隍庙的传统特色商店，充分反映了"小、土、特、多"的经营特色，既有历史悠久、源远流长的中华老字号（如王大隆、丽云阁等），也有全国独一无二的特色专业户（如筷子店、手杖店、瓶塞店等），万余种传统小商品汇集一市。每逢庙会，这里更是熙熙攘攘，热闹非凡。

购物推荐

首饰店：城隍庙金银珠宝行、珠玉汇市、老庙黄金等。

小饰品店：喜庆礼品店、百花手帕商店、幸福袜子商店、春秋绒线商店、丰富礼品店、长丰线带店。

土特产店：南北土特产总汇、上海五香豆商店、旅游食品商店、梨膏糖商店。

特色店：城隍庙香烛店、王大隆刀剪店、日用瓶塞店、大众竹器店、竹艺渔具店、牡丹草织品店、上海筷子店、晴雨伞店、万里手杖商店、宏音乐器店、中老年用品总汇、童涵春堂、铁画轩紫砂陶瓷商店、龙泉宝剑店、上海旅游书店等。

Yuyuan Bazaar & The Temple of the Town Gods

Yuyuan Garden is a typical classical southern-style garden which is a must-see in Shanghai. Besides, the Yuyuan Bazaar and the Temple of the Town Gods (a Taoist temple) nearby have become the most popular place enjoyed by the tourists from both home and abroad. The Yuyuan Bazaar is famous for its food and delicacies, as well as for the assorted selections of light products, specialties, and local handicrafts.

Today's Yuyuan Bazaar, which is composed of specialty stores selling traditional Chinese arts and crafts, medicines and souvenirs, differs from the large stores. The streets in the area

豫园里的发财树挂满了人们的希望
People hang their wishes on the fortune tree in Yuyuan Garden.

are 3.5~4.5 meters wide on the average which are for pedestrians only. The buildings are characterized by their ancient Chinese architectural style. There are over a hundred small stores standing side by side, beautifully laid with a large collection of commodities, each with its own unique feature.

Twenty-one specialty shops on the small commodities street in Yuyuan Bazaar are unique, making the area "The Kingdom of Small Commodities". A number of well-known shops in China come out of the former Temple Market over the last century or more. These shops have become the elite of the company with their fame, specialties, high quality and novelty such as Wanli Stick Shop, Time-honored Wang Dalong Scissors and Knife Shop.

The bazaar is estimated to receive about 100,000 customers every day and 70 percent of the visitors to Shanghai come to the bazaar.

四川北路

四川北路是一条适合工薪阶层购物的商业街，近年也涌现了几家上档次的商厦。这条路段很长，其中又以靠近鲁迅公园一带最为繁华。

较大的几家商厦有：中兴百货、东兴百货、巴黎春天等。最实惠的是路两旁的小店，价格都不贵，可以慢慢淘，慢慢讲价。

四川北路北端还有一些充满文化氛围的地方值得一逛。鲁迅故居在附近山阴路上的大陆新村9号，鲁迅墓和鲁迅纪念馆都在鲁迅公园内；旁边的多伦路是一条文化街，不仅有老建筑，还有古玩字画等艺术品。

购物推荐

上海巴黎春天百货商城位于四川北路武昌路口，为四川路新崛起的现代化、多功能商业企业。商城以综合百货为主，同时兼容娱乐、服务等。

东兴百货：以女装为主，品牌和价位比较适合工薪阶层，在淮海路不打折的同样衣

服装展示
Fashion show

服，在这家店有可能打折，或者赶上整个店搞活动也能省一些花费。

七浦路服装街

七浦路服装批发市场（简称七浦路市场）是上海最大的服装批发市场，以经营中低价服装为主，但也能淘到一些高档品牌的外贸原单。而且，这里的衣服时尚、前卫，所以也是年轻女孩们青睐的地方。

市场位于闸北区东南部，东起河南北路，西讫浙江北路，南到山西北路，呈"T"字形分布，全长680米。别看街道不长，但市场上每日人流如潮，其人流密度不亚于南京路步行街。

现在的七浦路，已经由以前沿街民房开店转变为大型商场摊位，目前建成的有兴旺服装批发市场、新七浦服装批发市场、兴浦服装批发市场等。自从2006年6月淮海路上的襄阳服饰礼品市场拆除后，原来的一些商铺也搬到这里，所以更加兴旺起来。

七浦路的商场里面都是有空调的，不过人多拥挤的时候，还是会有点热。mm们要做好吃苦的准备。

设计独特的小店
A unique designed store

购物推荐

七浦路主要有两幢楼可以逛，一幢是新七浦，一幢是兴旺。其他楼里就淘不到太多好东西了。

新七浦一楼多数是那种很大路、很泛滥的东西，通常人也很多。

二楼有几家比较有得挑的店，卖日式风格的服装，要慢慢看。再往楼上都是一家一家展示厅样子的店，算是做品牌的，不过档次看上去也不高。

　　如果时间有限，或者耐力不佳，可以只逛兴旺。走时尚路线的年轻人也不用在新七浦浪费时间，直接进兴旺好了。

　　兴旺有两幢楼，一幢是老兴旺，一幢是新的，两幢楼有一座天桥连通。

　　新楼上面有个美食广场，比附近的小吃店干净。要说淘衣服，还要数老兴旺，这里也主要介绍一下老兴旺。

　　兴旺一楼大多是可爱小女孩的风格。有很多类似瑞丽杂志上的款式（都是仿版的），花花绿绿的小裙子，粉粉的连衣裙，芭比风格的衣服和皮包。很多开价就不贵，但是东西档次不高，面料、版型、做工方面有欠缺，适合十几岁的小女孩穿。

　　二楼有一半左右的店铺是可以试衣的，不过条件比较简陋。这里有很多漂亮的 T 恤，紧身的海滩图案小 T，宽松的卡通图案、Hip-Hop 大 T 都有很多，可以挑一些自己喜欢的图案。一般来说 T 恤也都不贵，最便宜的十几元，最贵的也就六七十元。另外，靠中间的位置有些比较正宗的原单款式，可以淘淘，不过比较难还价。

　　三楼有一半摊位是卖内衣、童装、玩具和生活用品，另外一半摊位还是卖衣服。此外，还有好几家卖各种包的，如帆布的、仿皮的，都很便宜，样子也不错。三楼第五排快到头有一家卖内衣和泳衣的，质量款式都不错，据说有很多台湾人及日本人来此批发。卖童装的有几家很不错，很多童装、婴儿装都是发到国外的，所以样子很特别，简洁可爱，质地也不错。

　　四楼和五楼都是专门做批发的，虽然不拒绝零售，但是开价很高，基本上拒绝还价。不过东西很好，而且批发价便宜。有几家一楼和二楼的店家是从四楼、五楼直接批货下来卖的。

　　七浦路还有不少小东西、小饰品也很有意思，不过千万别忘记砍价。

上海特色街

　　上海不仅有多条繁华热闹的商业街，也有不少专营某类物品的特色街和特色店。

　　如果你爱买书，就去福州路和绍兴路；如果你有收藏古董的爱好，就去东台路古玩街；如果你想挑把合手的剪刀，张小泉剪刀店总有一款适合你……

上海老街

钱币庄、红木家具店、典当行、老式茶楼、旧式酒铺、绣庄……这些几乎失传的老行当如今又再现上海老街。

位于方浜中路的上海老街曾是中国民间三百六十行聚集的繁华街道。重建的上海老街全长825米（人民路—河南路），分为东、西两段，东段从人民路到

陕西南路上的小店
A boutique in Shaanxi Nanlu

馆驿街，西段从河南路到馆驿街。上海老街是豫园商业旅游区东西走向的一条重要景观通道，历史上曾以庙前大街为名，汇集了一批上海最早的钱庄、金店、银楼、酒肆、茶馆、戏楼、商行，一直是连接十六铺和城隍庙、豫园地区的人流走廊。

老街东段经过修旧复古的改造处理，原先不少店面的卷帘门、铝合金窗等已不复存在，代之以苍格窗、排门板、落地摇杆门等富有清末民居特色的装饰。西段外立面以仿明清建筑为主，以黛瓦粉墙、红柱飞檐装饰来显示老城厢明清时代的建筑风格，屋顶上的花边滴水、飞檐翘角及马头墙，使人恍若回到了古代。

上海老街上古色古香的商店鳞次栉比，这里开设了水烟馆、陶艺坊、豆腐坊、绣庄、糕团店、炒货店、茶庄、棉布店、老虎灶茶馆等。对老式东西感兴趣的游客，不妨到上海老街逛逛，说不定还能发现自己中意已久的心爱之物。

Shanghai Old Street

When looking back to the old days and exploring old Shanghai, you will be brought by "Shanghai Old Street" through the times-times back to 100 years ago.

What unfold before visitors are the almost extinct trades, like the private banks, shops with mahogany furniture, pawn shops, old-fashioned teahouses, old-fashioned wine shops, and embroidery stores.

Situated in Fangbang ZhongLu, the old street was gathering all the 360 trades of old Shanghai. Once called "Miaoqian Dajie", there gathered a group of Shanghai's earliest private banks, gold shops, silverware shops, wine shops, teahouses, theatres and firms.

The rebuilt Shanghai Old Street is divided into the eastern and western sections.

In the eastern section of the street, the folding screen doors and aluminum windows of many shops are replaced with latticed windows, wooden door-boards and swing-boards and swing-doors, typical decorations of Qing Dynasty residences, owing to the "remodeling and restoration to antique feature" programme. Besides, the pat terned drip-pipes, upturned eaves, protruding corners and horse-head walls make visitors feel as if they had gone back to the old days. The western section is mainly laid out with Ming Dynasty imitation buildings with black tiles and white-washed walls, red pillars and upturned eaves, typical of the architectural style of old towns in the Ming and Qing Dynasties.

Here you will find rows of antique-featured shops, such as the water pipe store, glutinous dumplings store, roasted nuts shop and teahouses.

福州路文化街

福州路东起中山东一路，西讫西藏中路，全长 1453 米。该路于 1864 年筑完全程，是上海开埠通向黄浦江的四条土路之一，人们习惯上称之为"四马路"，在一个世纪之前便有了"文化街"的美称。当时福州路的东段和旧时望平街（现汉口路东段）的八家报馆相近，所以集中开设了不少书局及售卖纸、笔的文化用品商店。

现在的福州路延续了文化街的传统，各种书店、文化用品店挤满道路两旁。上海最大的零售书店——上海书城就在福州路上。此外，著名的专业书店有中国科技图书公司、外文书店、古籍书店、上海音乐书店等，经营办公用品的商店有汇丰纸行、长征测绘仪器商店、上海纸品商店等，经营文化用品的有杨振华笔庄、百新文化用品公司、美丽华文具公司、上海美术用品商店等。

富有浓厚文化气息的名特餐饮企业也为文化街聚集了更多的人气。如以经营粤帮美食为特色的杏花楼酒家，有着"酒祖宗、蟹大王"美誉的王宝和酒家，以经营本帮菜著称的老正兴菜馆等，使得福州路更加丰富多彩。福州路特色店有：

包装精美的图书
Beautifully packaged books

店名	地址	电话
上海书城	福州路 465 号	63522222
上海图书城	福州路 401 号	63200651
上海文化商厦	福州路 355 号	63266588
上海音乐书店	西藏中路 365 号	63223213
上海古籍书店	福州路 424 号	63223453
中国科技图书公司	河南中路 221 号	63234567
上海美术用品商店	福州路 402 号	63528706
上海外文书店	福州路 390 号	63223200
杨振华笔庄	福州路 290 号	63223117
汇丰纸行	福州路 305 号	63215389

绍兴路出版街

绍兴路上有几家上海著名的出版社，有几家上海知名的书坊画廊，还有几处学堂与历史建筑，所以出版街的美名就传开了。

绍兴路很短，从头至尾，不过二三百米，十分钟就可以走完。马路两边是高大的梧桐树，梧桐树影洒下来，使这条街显得更加幽静。

上海新闻出版局坐落在绍兴路 5 号，这是一幢淡黄色的、略带弧形的建筑，建筑平面结合地形作 V 形布置，其凸出面沿街，凹进面临庭院。

绍兴路 54 号是上海人民出版社 —— 一幢中西混合式的三层建筑，木质门窗，檐口采用西班牙式建筑常用的花纹和小券装饰，屋顶还设置了一座玻璃天棚，类似于今天的阳光屋。主入口的门廊很高，进入大厅，你会惊叹于它的高大空旷。

从人民出版社往前走不多远，就是上海文艺出版总社的大楼了。文艺总社下辖上海文艺出版社、上海文化出版社和上海音乐出版社等 8 家出版社。里面还驻扎着隶属于这些出版社的好几家杂志社，如《故事会》、《小说界》、《艺术世界》、《咬文嚼字》、《旅游天地》、《音乐爱好者》等。这幢楼建于 1947 年，里面向外的窗户全是和楼梯口一样华丽的彩绘玻璃，曾是中华书局上海编辑部的驻地。

绍兴路还有几家有特色的书店。汉源书店是上海第一家正儿八经的书吧；广告湾咖啡书吧是以广告为主题的咖啡馆，可以一边喝着咖啡，一边阅读各种各样漂亮的广告图书。

上海之旅
TRAVEL IN SHANGHAI

绍兴路 96 弄是目前上海保存最完整的石库门弄堂之一，许多表现老上海题材的电影电视剧都喜欢到这里来取外景，经常会看到有人扛着摄像机或摄影机在弄堂里走来走去。

文庙书市一条街

元代始建的文庙是上海中心城区唯一的儒学圣地，著名的名胜古迹之一。

现在的文庙总体格局分为祭祀线、休闲线和市场线。

祭祀线：从棂星门、大成门、东西庑房、大成殿及其殿前石平台至崇圣祠，全部按明清风格原貌修复。

休闲线：主要修复魁星阁、明伦堂、放生池、儒学署，新建文曲门、大中门，增设绿地，移植树木，并于游廊等处设"上海文化名人碑林"，弘扬上海建城 700 多年来文化名人的成就。

市场线：重修尊经阁，开辟花圃、花坛、植树栽花，并在尊经阁东西新建一条长约 70 米、高低起伏、宽窄相间的明清建筑风格的上海文庙书刊交易市场街市。另外，文庙沿老道前街、梦花街、学宫街三侧破墙建造了与文庙建筑风格一致，且高低错落有致的商用房，开设具有浓厚文化色彩的古玩、书画轩、古钱币、邮品等商店。

位于梦花街道的上海文庙书刊交易市场，占地面积 2000 平方米，有全国各地出版社开设的几十家销售点，以书刊批发为主，是上海大型书刊交易市场之一。

这里的古旧书刊市场也格外活跃。每到双休日，来此练摊出让书刊的、淘书觅报的人群络绎不绝。

东台路古玩市场

上海东台路古玩市场地处卢湾区浏河路、东台路口，是一条在海内外具有较高知名度的旧工艺品特色街，被称为上海的"琉璃厂"。这里以"奇、特、怪、稀"著称，能觅到你在别处市场觅不到的各式古玩工艺品。

在市场里矗立着一座金碧辉煌的牌楼，著名书画家刘旦宅题写的"东台路古玩市场"楼匾，苍劲有力，引人注目。走进古玩市场，只见 200 多米长的马路旁，整齐地排列着 125 家各具特色的小古玩店，展示的古玩工艺品林林总总，唱主角的是陶瓷器、铜器、锡器、玉器、竹器、木器、文房四宝、书画等工艺品，此外还有鸟笼、服饰、钱币、20 世纪 30 年代的月份牌、电风扇、打火机、三寸金莲、毛主席像章等等，真可谓应有尽有。

雁荡路步行休闲街

雁荡路步行休闲街位于上海市卢湾区北部，北起淮海中路，向南经兴安路、南昌路，与复兴公园大道连通，全长 542.5 米。

雁荡路商业经营内容以咖吧、酒吧、餐饮、娱乐、美容为主。不同国家的美食在此都有落脚：意大利的比萨，德国的运动巧克力，新加坡的咖啡，日本的快餐……还有香港的保健饮料，澳门的蛋挞，台湾的茶坊、米

小店门上的装饰
The ornamental design of a boutique

糕，让人大饱口福。当然最具特色的还是各类中式餐饮，刘海粟、程十发等名人曾对这里的美食赞不绝口，并留下墨宝。

每到双休日，雁荡街更是热闹非凡，好戏连台。茶道茶艺表演，洋食品现场示范操作，婚纱展演，引得路人驻足观赏。

多伦路文化名人街

多伦路是虹口区的一条小街，位于四川北路北端，鲁迅公园附近。路长不过 550 米，却蜿蜒曲折，颇有味道。

该地解放前为日本侨民居住区，也是 20 世纪 30 年代文化名人聚集地。现在的多伦路路面用青石块铺成，道路两旁留存有各种建筑风格的楼宇数十幢。这儿的历史遗迹达十多处，其中有国民党淞沪警备司令部所在地，有左联遗址、中华艺大、上海艺术剧社、公啡咖啡馆旧址，有鲁迅、瞿秋白、郭沫若、茅盾等文化名人故居，有国民党将领白崇禧、张之江、汤恩伯住所，还有保护建筑鸿德堂和孔祥熙旧居等。路旁的志安坊和永安里是具有 20 世纪 30 年代特色的石库门里弄。

路两边各式小楼中开设了优雅的咖啡馆，也有以老上海电影为主题的酒吧。路两边还有许多卖字画、古董、红木器具的，也有卖以前那种黑白

小人书的。街头还有几个栩栩如生的铜像，把整条街装饰得恰到好处。

多伦路191号有一家上海民间民俗藏筷馆，是一位叫蓝翔的民间收藏爱好者所开。他收藏了许多有历史价值和纪念意义的筷箸，也收集了一些名贵的金、银、古铜、象牙、翠玉、奇石、名木制作的筷子，还有一些名家雕刻与绘制的艺术品。整个藏馆有1500多双筷箸，上百种筷笼、筷盒、筷枕等，煞是有趣。

★ 特别推荐：百年老店

店名	开创年份	原址	现今地址
张小泉剪刀总店	1662	杭州大井巷	南京东路 488 号
曹素功墨苑	1667	南市小东门	金陵东路 163 号
老周虎臣笔厂	1694	兴圣街	河南中路 95 号
王大隆刀剪商店	1798	城隍庙曲尺湾	豫园路 30 号
吴良材眼镜公司	1807	方浜路马姚弄	南京东路 297 号
上海铜响器商店	1851	南市大东门	人民路 7 号
李鼎和笔庄	1851		河南中路 105 号
南洋衫袜商店	1857	山西路	南京东路 558 号
老介福商厦	1860	南京路抛球场后	南京东路 257 号
亨达利钟表店	1864	洋泾浜三茅阁桥	南京东路 262 号
乐源昌铜锡五金店	1873	花园弄	南京东路 579 号
亨得利钟表店	1874	五马路棋盘街	南京东路 699 号
王星记扇庄	1875	杭州太平坊	南京东路 782 号
新光光学仪器商店	1878	百老汇路武昌路	淮海中路 538 号
永青美发商都	1879	城隍庙大殿前	豫园新路 10 号
光芒玻璃商店	1879	虹口天潼路	北京东路 368 号
老三益纸号	1880	南市小东门	新闸路 139 号
黄浦纱绳五金公司	1888	北京路泥城桥	北京东路 463 号

琳琅满目的工艺品
A superb collection of beautiful handicrafts

艺术 文化专线
Scenic Spots for Art and Culture

艺术文化专线 Scenic Spots for Art and Culture

画展、音乐会及其他

2004年8月，上海美术馆门前，整整一个月，几乎每天都可以看到一条二三百米的长龙。人们争相排队到底是看什么？原来，这是欧洲印象派画展正在沪上举行。

你说这是欣赏艺术也好，是附庸风雅也好，可这就是实实在在的上海文化市场。与画展一样，其他城市曲高和寡的音乐会在上海从来就不用担心上座率，因为演出票已被早早地订购一空。更有爱好者，从南京、杭州风尘仆仆赶来，又连夜赶回，就为了来上海看一场小剧场话剧。还有音乐剧、芭蕾舞、昆曲……这些阳春白雪从来在上海就不缺捧场的人。单单从上海街头随处可见的一尊尊雕塑，也可知这是一座推崇艺术的城市。

如果说你在上海还没看过一次画展，听过一次音乐会，进过一次博物馆，是会感觉有些遗憾的。对于艺术，无论真懂还是假懂，是跟朋友做个伴儿还是自娱自乐，不管怎样，只要你人在上海，看多了听多了自然而然就会受到海派文化氛围的熏陶，离真正融入上海，融入上海生活又近了一步。

Scenic Spots for Art and Culture

Art is as prosperous as business in Shanghai, no matter it's elegant art or pop art. All kinds of art exhibitions, book fairs, concerts, vocal concerts, international big films, attract thousands of visitors everyday. Christianism, Buddhism, Taoism, different religion cultures coexist well with each other. Music drama "Lion King", Kunqu Opera "The Romance of the Western Chamber", arts from different countries show their special charm.

音乐厅 / 剧院 / 戏院

上海音乐厅

上海音乐厅建于1930年，原名"南京大戏院"，1959年正式改名为上海音乐厅。2002年，这座庞大的老建筑，竟然生生被整体向南平移了100米，同时音乐厅的门面朝向也来了个大掉个儿，由坐南朝北改为坐北朝南。

上海音乐厅属欧洲传统风格建筑。音乐厅内的大理石立柱、汉白玉石阶、罗马式吊灯、镜框式舞台、包厢外侧的浮雕装饰以及观众厅里金碧辉

煌的穹顶，无一不体现着西洋古典建筑风格。而更难能可贵的是，它是由华人设计师设计的。正因如此，它已经被列为国家级近代优秀建筑，属于文物保护范围。

与周围充满现代气息的其他建筑相比，外表简朴的上海音乐厅显得很不起眼。可就是这座不起眼的音乐厅却获得了我国许多著名指挥家、作曲家的高度评价。著名指挥家陈燮阳说："它的音质世界一流，除了世界顶级的维也纳金色大厅、阿姆斯特丹音乐厅、波士顿音乐厅这三家外，在音质上，上海音乐厅可以和任何一个音乐厅一较高下。"著名作曲家朱践耳也对它情有独钟："音质丰满、浑厚，逼真度高，层次感强，高潮时富有张力，令人满足。"整体平移的时候，据技术人员测算，上海音乐厅的混响时间为 1.5 秒，最适合交响乐的演奏。

上海大剧院

如水晶宫般的上海大剧院是上演高雅艺术的顶级演出场所，也是上海这个国际大都市的标志性文化建筑。

说它顶级，不仅因为它的建筑

远眺上海大剧院
Overlooking Shanghai Grand Theatre

外形颇具气派，而且由法国建筑师沙尔庞捷设计的剧院更是融会了中西方文化的韵味，白色弧形屋顶与具有光感的玻璃透明墙体巧妙组合，仿佛一座水晶宫；而且它的内部设施也是上海室内演出场所中最顶尖的。

上海大剧院的大剧场拥有目前国际上容纳面积最大、动作变化最多的舞台设备，前后左右四大板块可以使舞台全方位地升降和平移，中间更有两个直径分别为 10 米和 17 米的双层旋转舞台。前方 100 平方米的升降乐池，可分别作为舞台和观众席的延伸。主舞台面积达 728 平方米，后舞台近 360 平方米，两侧台为 256 平方米，观众厅设有 1820 个座位，包括三层观众席和六个包厢。座位设计合理，分布均匀，能在不同的角度舒适地欣赏表演。所有配套设施都为国际最尖端的设备，几近完美。

剧院还有一个 550 个座位的中型剧场，适合地方戏曲和室内乐的演出，一个 250 个座位的小型剧场可以进行话剧和歌舞表演。除此以外，大剧院的辅助设施还包括八楼屋顶适合举行大型酒宴和冷餐会的宴会厅。周边还

设有1个贵宾包房和12个普通包房，来宾既可通过透明的顶棚遥望星空，也能凭栏远眺人民广场的美景。

美琪大戏院

美琪大戏院建于1941年，建成之初，曾被誉为"海上最新影宫"。戏院融合了现代与古典建筑之精华，入口处为圆形巨塔，大型水晶吊灯盘旋而下，大小两座灯光喷泉流光溢彩，青铜艺术雕塑优美典雅，是受到市级保护的"近代优秀建筑"之一。

著名话剧表演艺术家于是之，歌唱家于淑珍、胡晓平，青年舞蹈家周洁，著名芭蕾舞演员汪齐凤、杨新华，以及中央歌剧院、北京人民艺术剧院、俄罗斯芭蕾舞团等均在此表演过。

上海的主要音乐歌舞表演团体，如上海歌剧院、上海芭蕾舞团、上海舞剧院等，更是将美琪大戏院作为它们的主要演出场所。

美琪大戏院共有观众席1328座，其中楼下823座，楼上505座。

兰心大戏院
Lyceum Theatre

兰心大戏院

兰心戏院于1931年建成，是20世纪30年代上海设施最完备的剧场，也是当时一座高档的娱乐场所。晚场常有西方剧团演出或是音乐会上演，男士要求穿燕尾服，女士则要穿曳地长裙。

兰心戏院为钢筋混凝土结构，楼高三层，外形与结构虽有仿美国近代建筑风格之处，但整体仍是意大利文艺复兴时期府邸式风貌。

天蟾京剧中心逸夫舞台

逸夫舞台，曾有"大新"、"上海"、"天声"、"天蟾"等场名，始建于1921年，是沪上知名的京剧演出场所。

半个多世纪来，南北名伶巨匠对这个魅力无穷的舞台情有独钟。四大名旦梅兰芳、程砚秋、尚小云、荀慧生，四大须生谭富英、马连良、杨宝

森、奚啸伯等南北名家均在此献过艺，梨园界有"不进天蟾不成名"的美谈，其兴旺景象堪称沪上一大景观。

1989 年，由上海市政府投资、香港邵逸夫爵士等热心于京剧的人士捐款进行改建。于 1994 年 4 月 28 日落成开幕，并易名为天蟾京剧中心逸夫舞台。

新建成的舞台设施先进、装饰典雅。观众可由自动扶梯进入文化气息浓郁的休息厅。场内设观众席 928 个，座位舒适宽敞，有包厢九间。为寻求高品位的视听效果，对观众席位视角的聚光效应、声学性能，均逐一推敲优化。

美术馆 / 画廊

上海美术馆

上海美术馆原名"上海美术展览馆"，最早创建于 1956 年，陈毅市长曾亲自主持落成典礼并为之剪彩。1986 年，在原址上新建上海美术馆。新馆大楼为 20 世纪 30 年代英国式建筑，由钟楼、副楼、裙楼组成。建筑面积 5740 平方米，展厅面积 2480 平方米，现有藏品 4000 余件。

在这里，几乎每天都有各种各样的展出，吸引了大批美术爱好者。尤其是 2005 年 12 月的"法国印象派绘画珍品展"更是轰动一时。这次展出是自法国印象派艺术诞生以来规模最大、印象派代表性艺术家作品最为齐全的一次来华展览。印象派大师莫奈、雷诺阿、毕沙罗、西斯莱、德加、塞尚、摩里索、巴齐依和马奈等人的 51 件巨作汇聚一堂，总价值达 53 亿欧元。其中有莫奈的《戈迪拜尔夫人》、德加的《年轻女人像》、雷诺阿的《达拉斯夫人》、西斯莱的《展翅的鹭》和马

上海美术馆
Shanghai Art Gallery

艺术文化专线 Scenic Spots for Art and Culture

奈的《吹短笛的男孩》。

另外，还有自 1996 年诞生的"双年展"，经过 10 年的历练，该展不仅成为中国最具国际影响力的艺术展示，更受到了国际艺术界的广泛肯定，被公认为亚洲最重要的国际双年展之一，每次都吸引着大批艺术爱好者前来参观。

刘海粟美术馆

刘海粟美术馆是上海一座新兴的国家现代美术馆。它是以中国新美术运动的奠基人之一刘海粟先生之名命名的。江泽民主席题写了馆名，1995年 3 月 16 日正式开馆。

刘海粟美术馆自开馆以来，先后举办了许多具有较高学术性的美术展览，如"当代油画艺术展"、"中国艺术大展·齐白石作品展、刘海粟作品展、林风眠作品展"和"当代中国山水画、油画风景展"、"洛杉矶四人展"、"李可染中国画展"、"中国新写实主义油画名家邀请展"、"黄胄绘画艺术展"等等。短短几年内在美术界树立了良好的学术形象。同时，作为该馆特色展览的两年一届的"上海青年美术大展"和每年一次的"大师从这里起步"美术教育系列展，使该馆在青年一代和美术教育界中产生了较大的号召力。

刘海粟美术馆的收藏以刘海粟先生所捐献的艺术作品为主，这一部分包括刘海粟先生一生所收藏的历代名家字画和他一生最有代表性的油画、国画和书法精品。古代藏画中不乏稀世珍品，如五代关仝的《溪山幽居图轴》(传)、北宋巨然的《茂林叠嶂图轴》(传)、金代李早的《回部会盟图卷》、明代仇英的《秋原猎奇图轴》和八大山人的《孔雀图轴》等。刘海粟先生的代表作有国画《黄山一线天奇观》，油画《巴黎圣母院》、《太湖工人疗养院之雪》等等。

多伦现代美术馆
Dolum Museum of Modern Art

多伦现代美术馆

上海多伦现代美术馆由上海市虹口区文化局创建，是一个为中国当代艺术发展和服务的非营利文化艺术机构。它以"原创性、学术性、国际性"为办馆理念，是中

国第一个为当代艺术服务的专业化现代美术馆。

多伦现代美术馆建筑面积 4800 平方米，共七楼，展厅面积 2000 平方米，主要举办中国当代艺术的展演活动。

美术馆还有多伦现代艺术书店，专业经营国内外当代艺术书籍、杂志，推荐国内外当代艺术最新书刊。多伦会员俱乐部定期举办活动，设有艺术家沙龙、设计师沙龙等。

艺术品店
A boutique selling works of art

香格纳画廊

香格纳画廊位于宁静优雅的复兴公园内，门面很普通。

画廊的主人 Lorenz Helbing 是一位瑞士人，高大瘦削，头发蓬松，戴着一副金丝边眼镜，文雅而富有艺术气息，是上海画廊老板中唯一一位正宗的欧洲人。

Lorenz 已经在中国生活了 10 年，可以说一口流利的中文。Lorenz 曾在瑞士苏黎世大学学习艺术史，后于 1988 年来到上海，在上海复旦大学进修中文，学习中国当代史。随后又去了香港经营画廊。1995 年 Lorenz 重回上海，在波特曼酒店二楼开设了香格纳画廊，后来画廊搬到复兴公园内，一直经营到现在。

在几年的发展中，Lorenz 已经悄悄地圈了好大一块地。看看他代理的画家名单吧：陈文波、李山、刘建华、王广义、余友涵、乐敏君、赵半狄、丁乙、曾梵志、张恩利、薛松、徐震……参加过威尼斯双年展的画家就有三四位，没了上面这些人，中国当代艺术将会显得很苍白。

据说，艺术家若被香格纳画廊看中，也意味着从此多了一条通向西方主流艺术市场的途径。

泰康路艺术街

400 米长的泰康路上鳞次栉比地排列着艺术画廊、文博收藏馆、雕塑制作坊、肖像工作室、陶艺坊、木艺坊……店里的每件艺术品都会让人心动。

走在泰康路上，一股股艺术气息扑面而来。一座富有幻想的不锈钢拱形雕塑"艺术之门"矗立于泰康路口;各种风格的艺术商铺在街上排列得错落有致;球形灯罩和外围玻璃圈组成的艺术街灯,给人以丰富的想象空间;充满原始风味的石椅石凳,让人感受到一种轻松与休闲;街中长长的一道艺术画墙,则荟萃了当代名家的力作。

其中泰康路210弄,现已更名田子坊,是整条艺术街的核心所在。黄永玉、陈逸飞、尔冬强等著名艺术名家将其工作室、展览区搬入了其中。来自美国、澳大利亚等23个国家的设计师、艺术家,也纷纷远渡重洋加盟田子坊。

艺术街还有一家东南亚生活馆,里面卖的各种饰品、灯具、衣服等都颇具特色,很多是从泰国运来的。不买东西,光是看看这家店的装饰和摆设,也是一种享受。

Taikang Lu—Art Precinct

店门的装饰体现出主人的品位
The decoration of shop front displays the fine taste of the owner.

When you arrive at Shanghai's Art Street, you will notice a group of tiny art shops offering anything from paintings to traditional Chinese wood carvings and antiques dating back to the Qing Dynasty.

Without the facades that come with international art districts, in fact, Taikang Lu is more like a slice of real China, with ubiquitous bikes, food hawkers and pajama clad pedestrians. The heart and soul of Taikang Lu lies in lane 210. Follow the RED dot sign into the lane where you can peruse through various art studios. Then take a left into the International artist's factory where creative designers, photographers, home decoration and retail shops are nestled together in one building. Once you have taken in the bohemian rhapsody, take a break and wander into the Kommune for the best dress material in town.

上海音乐厅
地址:上海延安东路523号
电话:63595280
贺绿汀音乐厅
地址:汾阳路20号上海音乐学院内
电话:64370137

上海大剧院
地址:人民大道300号
售票地点:人民大道300号(个人票);
　　　　　黄陂北路200号303室(50人以上的团体票)
电话:63276562　63868686

美琪大戏院
地址：江宁路 66 号
电话：62174409

兰心大戏院
地址：茂名南路 57 号
电话：62564738

上海话剧艺术中心艺术剧院
地址：安福路 284 号后三楼
电话：64731277

天蟾京剧中心逸夫舞台
地址：福州路 701 号
电话：63609986

中国大戏院
地址：牛庄路 704 号 2 楼
电话：63517839

上海戏剧学院实验剧院
地址：华山路 670 号
电话：62485600

真汉咖啡剧场
地址：肇家浜路 567 号
电话：64040840

上海东方艺术中心
地址：浦东丁香路 425 号
电话：53514036

上海大舞台
地址：漕溪北路 1111 号
电话：800-820-1585（免费）

上海美术馆
地址：南京西路 325 号
电话：63272829

刘海粟美术馆
地址：虹桥路 1660 号
电话：62701018

多伦现代美术馆
地址：多伦路 27 号
电话：65872530

上海画廊集锦
陶艺里
地址：上海四平路 2579 号
电话：55062163

艺博画廊
地址：浦东花园石桥路 198 号
电话：58880111

AA 画廊
地址：南京西路 1376 号上海商城四楼中厅
电话：62798600-6735

黑苹果画廊
地址：巨鹿路 777 号
电话：54036960

长安画廊
地址：陆家嘴浦东大道 138 号永华大厦一楼
电话：58885858

东海堂画廊
地址：茂名南路 162 号 E 座
电话：64737319

米丘工作室
地址：凯旋路 30 号
电话：62131352

上海大学美术学院画廊
地址：凯旋路 30 号
电话：62523190-45

香格纳画廊
地址：皋兰路 2 号
电话：63593923

华氏画廊
地址：荣华东道 88 号古北太阳广场 1F
电话：62707181

巴比松画廊
地址：复兴中路 644 号
电话：64731202

J 画廊
地址：长乐路 191 号
电话：64450181

林岗画廊
地址：复兴中路 1458 号
电话：64373411

诗嘉艺术
地址：复兴中路 1458 号
电话：64374991

上海龙人画廊
地址：古北新区荣华西道 8 弄罗马花园 E 座
电话：62199767

迪画廊
地址：绍兴路 96 号
电话：64667055

艺术文化专线
Scenic Spots for Art and Culture

小雅画廊	史丹妮艺术空间
地址：水城南路 89 号	地址：长乐路 615～617 号
电话：62096767	电话：64735291
朱屺瞻美术馆	霍克艺术会馆
地址：欧阳路 580 号	地址：古北荣华西道 39 号金鹿公寓
电话：56710741	电话：62197602

书店 / 博物馆

最大、最全的书店——上海书城

　　游客要想到上海最大、最全的书店逛逛，挑选自己喜欢的图书，上海书城是首选。

　　位于福州路上的上海书城是上海市十大文化标志性建筑之一，与坐落在人民广场的上海博物馆和上海大剧院遥相呼应。书城总营业面积万余平方米，是上海有史以来第一家超大型零售书店，经营全国 500 多家出版社的各类图书、音像制品和电子出版物，品种达 12 万余种，涵盖了实用生活、中外文学、社会科学、文化教育、少儿读物、科学技术及艺术书籍等各大门类，还有大量香港版、台湾版和外文原版精品图书。

最有品位的书店——季风书园

季风书园
Jifeng Bookstore

　　地铁 1 号线陕西南路站站厅内有一家季风书园。书园请了纽约的一位设计师作布局设计，颇具曼哈顿的书店风格。

　　书店内各种书籍门类齐全，尤以学术和生活类图书为特色。季风书园在沪上白领族读书人中颇为知名。书园内还设有咖啡廊、茶室，读者可以一边品茗，一边看书，是爱书一族的好去处。

最洋味的书店——韬奋西文书局

在陕西南路口的长乐路上有一家专卖外文图书的书店——韬奋西文书局，针对读者是在沪外籍人士以及对外文书有需求的学者、白领等。

两层楼的小别墅书吧，暖暖的红橙色装修风格，漂亮整洁的书架，一排一排崭新的西文书陈列着，许多还是欧美的热销书，柜台上也有最新的国外报刊出售。书店内很安静，还可以小坐喝杯咖啡，慢慢地读书。不过，这家书店开业之初曾公开声明，不欢迎只看书不买书的人，这曾引来读者一阵议论。

Garden Bookstore

Located in Changle Lu, the Garden Bookstore has a nice selection of foreign books as well as the latest foreign magazines and newspapers. The target readers are foreigners, scholars and white collars, etc.

The bookstore is a two-story small villa, with orange interior decoration and tidy bookshelves. Rows upon rows of brand-new western books including best sellers and latest newspapers and periodicals are put in the counter. Inside this quiet bookstore, the readers can take a seat and haue a cup of coffee while reading.

Add：325 Changle Lu
Tel：54048729

最休闲的书店——汉源书店

汉源书店是上海第一家正而八经的书吧。著名摄影家尔东强的老上海摄影加上他的古典收藏，使该吧人气指数急升。

书店的门面和内里都很古雅，进门迎面的一屏圆弧形大书架看似不经意但肯定是刻意布置过的。书在这里几乎成了一种艺术品，它们和墙上、立柱上摆满的各种古旧的艺术壁挂、小饰品、旧家具融为一体，书卷气扑面而来。

广告人的乐园——广告湾咖啡书吧

在幽静的绍兴路上，有一家书店镶嵌在古朴的石库门建筑中，梧桐掩映下的巨大落地玻璃窗里，有书的香气，也有咖啡的香气，这就是广告湾咖啡书吧。据说，这是亚洲唯一的一家以广告为主题的咖啡吧。

当你步入其中的时候，在以黑色装饰为基调的神秘面纱下扑面而来的是浪漫的咖啡味道和书香。在吧台左右有交友天地、活动信息、人才驿站、媒体合作发布栏。与其他书吧不大相同的是，这里又是上海广告传媒展示中心、活动中心，里外有两个空间足有 300 多平方米。这里主要是以摆放设计书籍和杂志为主，林林总总有上千种。

当你坐在靠窗的位置，要上一杯香浓的咖啡，倚着阳光随手翻阅你喜欢的杂志，或者带着电脑在这里无线上网冲浪可消闲一下午的时光。主人还会不定期地举办一些与广告有关的展览和主题沙龙。店里除了提供各式咖啡、啤酒、洋酒等饮品，还提供简餐。

上海博物馆

上海博物馆位于市中心人民广场南端，共藏有 12 万件珍品，还有中外文专业书籍 20 万册，在国内有"文物半壁江山"之称。

上海博物馆
Shanghai Museum

上海博物馆所有展品分为12个专馆,即青铜器馆、陶瓷馆、绘画馆、书法馆、雕塑馆、钱币馆、玉器馆、家具馆、玺印馆、少数民族工艺馆、胡惠春先生捐赠瓷器陈列室、西方艺术馆。

青铜器馆:商、周青铜器是中国古代文化中的瑰宝。传世青铜器流散在美、英、法、德、日等国的博物馆,各有一定数量。近40年来,陕西、河南、山西、湖北、湖南、四川、云南等省有大量出土文物,但成系统的收藏仍以北京故宫博物院、台北"故宫博物院"和上海博物馆最为突出。上海博物馆收藏的青铜器又以具有长篇铭文和著录的较多。新的陈列品中还充实了近三年来马承源馆长在香港抢救的一部分重要文物,特别是西周的晋侯器和秦国早期秦公器。青铜器馆还布置了有关古代青铜器铸造进程和模拟陈列。

陶瓷馆:它是一部中国陶瓷史的缩影,从原始社会的彩陶至商、周原始瓷,东汉、三国、西晋的青瓷,沿着陶瓷发展的轨迹,一直到明、清两代景德镇的官窑瓷器,都有展出。同时还有古代瓷器制作作坊和窑炉的模拟陈列。

绘画馆:上海博物馆收藏绘画以明清文人画为主。展品有唐孙位《高逸图》、五代董源《夏山图》、北宋巨然《万壑松风图》和宋徽宗《柳鸦芦雁图》等国宝级珍品,以及南宋、元、明、清的名家原作。

艺术品
Artwork exhibition

钱币馆:我国有3000多年使用金属货币的历史,上海博物馆收藏的中国古币比较齐全。不仅收藏了历代铜铁铸,战国的金币,还展出有金、元钞版和明清金银货币,以及沿丝绸之路各国的金、银货币等。

玺印馆:中国历代玺印是研究各个朝代时期的政治、经济、军事、职官和文学、艺术的一份重要的实物资料。馆内展的重点是战国玺印、两汉官印和明清流派印。

上海博物馆采用了国际上最先进的科技手段进行管理。专题陈列室的讲解,全部编制程序输入电脑,由听讲器代替讲解员讲解。观众根据文物编号揿下按钮,即可任意选择文物讲解词,包括中、英、日等语言。陈列室内还备有电脑控制放像机,提供各种有关文物影像和专业知识。

艺术文化专线 Scenic Spots for Art and Culture

灯管的艺术
Art of lamp

Shanghai Museum

Shanghai Museum is China's foremost showcase of artifacts and relics. State-of-the-art galleries house paintings, sculptures, ceramics, calligraphy, jade, Ming and Qing furniture and coins, of which, the collection of bronzes is among the best in the world. Each gallery shows the development of the individual art forms over centuries. Information is well presented in English, Chinese and Japanese, and the audio guide is highly informative as well.

As a national art museum, Shanghai Museum contains more than 120,000 Chinese cultural relics from the Old Stone Age to modern times, including bronzeware, calligraphy, paintings, pottery, porcelain, jadeware, stone carvings, Jiaguwen (inscriptions on tortoise shells or animal bones of the Shang Dynasty), imperial seals, ancient coins, silk embroidery, dyed fabrics, ivory sculptures, ethnic crafts, as well as the relics unearthed in Shanghai.

Gallery of Chinese Ancient Bronze　More than 400 pieces of exquisite bronzes are shown, providing an overall perspective of bronze art in ancient China.

Gallery of Chinese Ancient Ceramics　More than 500 fine specimens are shown, including painted and gray pottery of the Neolithic Period, prototype celadon of

艺术文化专线 Scenic Spots for Art and Culture

the Shang, Zhou, the Spring and Autumn and the Warring States Periods, fine celadon of the Eastern Han and famous polychrome-glazed pottery of the Tang Dynasty. Throughout the Yuan, the Ming and the Qing dynasties, Jingdezhen was the center of porcelain production and its exquisite products became well-known all over the world.

Gallery of Chinese Paintings   Chinese paintings have a long tradition and a unique style. Taking a form of traditional Chinese architecture, the gallery is arranged into long corridor-like showcases with large panels of glass, upturned eaves and low banisters. More than 120 masterpieces ranging from the Tang Dynasty to the present are shown within the space of 1,200 square meters.

Gallery of Chinese Calligraphy   Based on Chinese calligraphy achievements of previous periods, the masterpieces of different periods are displayed chronologically to reveal a developmental trajectory of Chinese calligraphy. Perfect combination of show-cases, sensitive illumination and exhibits makes this gallery full of brilliant taste of cal-ligraphic art.

Gallery of Chinese Ancient Sculpture   This special design and arrangement will give audience a true feeling of walking in grottos or temples. The exhibits, dating from the Warring States Period to the Ming Dynasty, reveal artistic styles of Chinese sculpture in different periods. The most attractive sculptures are Buddha statues.

Gallery of Chinese Ancient Jade   Long held the reputation of "the Country of Jade" around the world, China has a 7,000-year-old history of jade production. Using specially designed stands and fiber optics for illumination, the exhibits provide audi-ence a sparkling and smooth appearance. Even the details of fine design are perfectly exposed. The exhibits reveal elegant jade culture and its consummate skill in ancient China.

Gallery of Chinese Coins   China is among the earliest countries in the world to use coins. More than 7,000 specimens show the historical development of ancient coins and economic exchange between ancient China and foreign countries. In addition, there is a special showroom for ancient central-Asian coins from Silk Road, which were gen-erously donated by Mr. and Ms. Roger and Linda Doo.

Chinese Ming and Qing Furniture Gallery   Classical Chinese furniture reached its climax during the Ming and Qing dynasties. Although furniture between the Ming and the Qing dynasties differed apparently in style, both of them are artistically successful. Among more than 100 pieces of furniture, there are the Ming furniture that were simply in style but elegantly prepared and the Qing furniture that were imposingly produced and elaborately decorated.

Gallery of Chinese Seals   This is the first gallery specifically designed for displaying Chinese seals in the world. More than 500 masterpieces between the Western Zhou and the Qing Dynasty are selected from the collection over 10 thousand pieces in Shanghai Museum. The display fully illustrates a long history of Chinese seals and diversified styles in different historical periods.

Chinese Minority Nationalities' Art Gallery   More than 600 handicrafts are shown in this 700 square meters gallery, including costumes, textiles, embroideries, metalwares, sculpture, pottery, lacquer wares, cane and bamboo plaited vessels as well as wooden masks.

上海历史博物馆

了解一个城市的历史，一个城市的内涵，博物馆是最好的去处。

上海历史博物馆原名上海历史文物陈列馆，它是专门介绍上海近100年来发展史的史志性博物馆。通过珍贵的文物、文献、档案及图片，以先进的影视和音响设备，形象生动地反映近代上海城市发展的历史。

该馆分6个部分，展出各类文物、文献数千件，全面系统地反映了上海开埠以来城市发展、政治、经济、文化、社会、生活各个方面的深刻变化。现有藏品近2万件，其中原英商汇丰银行门廊铜质对狮，原江南制造局"阿姆斯特朗"铁炮，物华号百字大礼轿，百年老店鸿运楼金字招牌等，均为具有浓厚上海地方特色的珍贵文物。

老建筑华丽的窗户
A richly designed window

东方乐器博物馆

上海音乐学院东方乐器博物馆分为"中国古代乐器"、"中国现代乐器"、"少数民族乐器"和"外国民族乐器"四个部分。共展示了我国古代曾经存在过和现在正使用着的各种民族乐器以及外国各民族不同类型的乐器400余件（套）。

其中最早的为远古时期距今约8000年的贾湖骨笛、仿曾侯乙编钟以及汉代的和于、铜鼓等具有重要文物价值的藏品；明代的瑟，明清时期的古琴、排箫、大海螺及复制精美的唐传日本正仓院四弦、五弦琵琶等稀有乐器藏品。博物馆还收藏和展出藏、傣、彝、满、蒙古、京、壮、苗、朝鲜、景颇、维吾尔以及乌兹别克等十几个少数民族和印度、日本、韩国、印尼、泰国、俄罗斯、澳大利亚等国家的民族乐器。

Oriental Musical Instrument Museum

Located on the grounds of the Shanghai Music Conservatory, this new museum has a fascinating collection of musical instruments seldom seen in the world.

There are four main exhibits covering the instruments of ancient China, the modern Chinese musical instruments, the instruments of China's ethnic minorities such as the Zhuang, the Miao, the Uighur, and the Mongolian nationalities', and the folk instruments from around the world.

The highlights are undoubtedly the ancient pieces, which range from an 8,000-year-old bone flute to the rare five-stringed Pí Pa of the Tang Dynasty (618-907) and the 25-stringed plucked zither of the Ming Dynasty (1368-1644).

海军上海博览馆

海军上海博览馆位于海军吴淞军港内，原是长江舰纪念馆。

馆内展品丰富，设有"中国古代海军史馆"、"中国近代海军史馆"、"中国现代海军史馆"，还有世界海洋奇观展、世界海军史展和世界军事装备展等。此外，馆内外还有各种兵器展示，室内靶场可提供手枪、步枪等轻武器射击。团体经事先预约，可到江边军港参观现代化军舰。

教堂/寺庙

国际礼拜堂

漫步在衡山路上，会路过53号一座哥特式建筑，这就是著名的国际礼拜堂。教堂掩映在一片高高的树木中，院内是一片绿茵茵的草坪，不知名的花花草草爬满了围墙，使得整个教堂幽静而神圣。

国际礼拜堂是 1925 年由当时在沪的外侨集资兴建的，建成后，主要供美国教徒做礼拜，所以称为"美国礼拜堂"，后又改名为"国际礼拜堂"。国际礼拜堂占地 7300 平方米，屋顶呈剪刀形木屋架，为近代教堂建筑形式。教堂内有 1400 个座位，是目前上海最大的基督教堂。

礼拜堂曾先后由外国和中国的牧师主持，建国后才完全成为中国基督徒自办的礼拜堂。该教堂有水平较高的圣诗咏唱班，每星期日上午分两次举行礼拜(7:30 与 10:00)。每逢圣诞节和复活节会举行盛大的音乐活动，爱好唱歌和器乐的信徒们届时会表演各种古典和现代的圣曲。1983 年以来，国际礼拜堂曾接待过大批海外人士，其中有美国前总统卡特，以及诺贝尔和平奖获得者南非的图图大主教等。

The Community Church

When you stroll along the Hengshan Lu, you will pass by a Gothic architecture. That is the famous Christian church.

First built in 1925 and invested by alien residents, the church was mainly for the American Christians, so got the name "the American Church". Later, people renamed it as the Community Church. Occuping an area of 7,300 square meters and with 1,400 seats altogether, the church is the largest Christian church in Shanghai.

The church has a high-standard choir. On every Christian festival and the third Sunday every month, music gathering will be held here. Many overseas personages have visited the church since 1983. Among them include the former American president Carter and Bishop Tutu, the Nobel Prize winner.

徐家汇天主教堂

徐家汇天主教堂是中国著名的天主教堂，为天主教上海教区主教座堂，正式的名称为"圣母为天主之母之堂"，堂侧有天主教上海教区主教府、修女院。

该教堂建于清光绪三十二年(1906 年)，是一座带有中世纪罗马风格的教堂建筑，可容纳 3000 多名教徒进行活动。大堂内圣母抱小耶稣像立于祭台之巅，俯视全堂，为整座教堂之中心。该堂区现有教友数万名，每天清晨有多台弥撒，逢星期日及重要节日，教友齐聚一堂，沉浸在自己的世界中。

Xujiahui Catholic Cathedral

Xujiahui Catholic Cathedral is a well-known church in China. As the main church of the Catholic Shanghai Parish, it was formally called the church of St. Mary Mother of God. Beside the church is the residence of the bishop and a nunnery.

Built in 1906 and with an architecture style of mid-century Rome, this magnificent structure has 19 altars and can hold Mass for over 3,000 worshippers at the same time.

The church, which has tens of thousands of worshippers, remains an active religious centre for Catholics in Shanghai. Every morning Masses are given. The church is now a major historical and cultural site under city protection.

天主教若瑟堂

天主教若瑟堂位于四川南路。它建于 1860 年，是上海创办较早的一座天主教堂。该教堂为歌特式建筑，红砖砌筑的尖顶高 50 米；屋顶建有 4 个高约 3 米的小钟座，围绕中间有一个高约 5 米的大钟座，钟座周围装有精致的百叶窗，窗户以彩色玻璃镶嵌，十分优雅。

沐恩堂

沐恩堂位于西藏中路九江路口，人民广场旁边，是一座建有高大钟楼的基督教堂。"沐恩堂"，意为沐浴于主恩之中。

沐恩堂原名"慕尔堂"，由美国基督教监理公会传教士李德创立，1931 年落成。

教堂坐东朝西，建筑面积为 3138 平方米，砖木混合结构。匈牙利籍建筑师邬达克担任建筑设计，外墙以凹凸红砖相拼。建筑群正中为大堂，三跨空间，其中中央跨度特大，三面围有挑台，共设 1000 个座位。

西南角有塔楼一座，毗邻有 4 层附屋和附属学校。外立面为深褐色面砖，墙角和窗框镶嵌隅

沐恩堂
Shanghai Moore Memorial Church

艺术文化专线 Scenic Spots for Art and Culture

石，显得古朴和神秘。

　　教堂建成后，在当时有"建筑雄伟，居全国各堂之首"之说。1936 年有位美国教徒捐款，在塔楼顶部安装 35 米高的霓虹灯十字架，底座装了马达，可使闪亮的十字架四面转动，因此使教堂名气更大了。

佘山天主教堂

佘山天主教堂
Sheshan Catholic Church

　　佘山天主教堂建于上海郊区松江佘山山顶，占地约 6700 平方米，高 20 多米，被誉为"远东第一大教堂"。

　　教堂系法国传教士所建，初建于清同治十三年(1874 年)，后又有几次翻建，现在的教堂是 1925 年扩建而成。教堂建筑总体设计与山融为一体，教堂外墙用红砖，穹顶呈尖拱形的玻璃窗，镶嵌着彩色圣像，体现了文艺复兴时代的罗马风格。轮廓与色彩协调自然，堂红山绿相映生辉。此堂为欧洲巴洛克风格建筑，部分采用中国传统建筑手法，可谓中西合璧。教堂雄伟宽阔，内设 3000 个座位，音响效果极佳，堂内讲话不用扩音器便具有扩音作用，又无回音干扰。

　　信徒到佘山朝圣，要经过从山脚到山顶的曲折小路，小路上有 14 座苦路亭，每亭中有一幅耶稣受难浮雕，沿路还有三座圣亭和一个中堂，逐级向上的苦路把苦路亭、圣亭、中堂及山顶教堂连成一体。信徒沿苦路拾级而上，领略耶稣代人受难的经历，从而获得宗教感情上的升华。

　　每年 5 月的朝圣日，都有来自全国各地的信徒上山朝圣。信徒们排着长长的队伍，依次进入教堂做弥撒，盛况空前。

Sheshan Catholic Church

　　Erected atop Shesha n Hill, Songjiang county in Shanghai Suburbs, Sheshan Catholic Church occupies an area of 6,700 square meters and with a height of 20 meters. It is famed as the grandest church in East Asia.

The church was originally built in 1871 and was renovated last time in 1925. It was designed by French missionary as a Baroque style church, and was partially built by Chinese traditional methods, thus a combination of the Chinese and the Western. There are 3,000 seats in the magnificent church, with perfect sound effect.

The 14 Stations of the Cross are situated at the end of each zigzag path up the steep hill leading to the church, each of which has a relief sculpture depicting the suffering of Jesus. At the mid level in an open square there are three shrines.

On Holy Virgin's Day every May, pilgrims will swarm here from all places in the country to line up in long queues in entering the church for Mass. It is really a spectacular occasion.

龙华古寺

龙华寺是上海地区历史最久、规模最大的古刹，距今已有 1700 多年历史，按佛经上弥勒菩萨在龙华树下成佛的记载而定名为龙华寺。

现今的庙宇建于清光绪年间，基本保持了宋代佛教禅宗寺庙的原貌。寺前的龙华塔为高 40.4 米的楼阁式七级八角形砖木结构宝塔。寺内建筑物有五进殿堂，即弥勒殿、天王殿、大雄宝殿、三圣殿和方丈室；东西两侧还建有钟楼。一年一度的迎新年龙华撞钟活动，每年农历三月三的龙华庙会，至今已延续 300 余年，成为上海一个固定的旅游节庆活动。

玉佛寺

玉佛寺是上海著名的佛教庙宇之一，具有百余年历史。清光绪八年(1882年)，普陀山慧根法师途经上海时，留下白玉雕释迦牟尼坐像和卧像各一尊，人们在江湾建寺供佛，玉佛寺由此得名。1890 年，住持本照法师由北京请得清刻全部《大藏经》，自此，玉佛寺渐

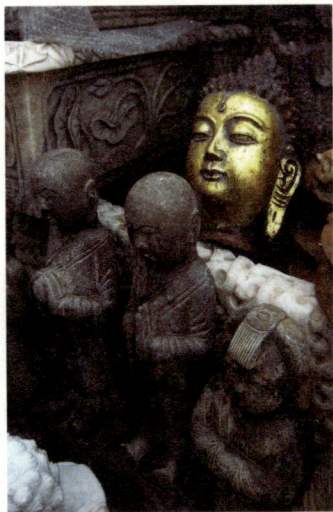

塑佛
Buddha statues

艺术文化专线 Scenic Spots for Art and Culture

成江南名刹之一。

玉佛寺为仿宋代宫廷式建筑，第一进为天王殿，第二进为大雄宝殿，第三进为般若丈室。玉佛寺的镇寺之宝之一——高达1.9米的玉佛坐像，由整块白玉精雕而成，堪称佛教艺术之瑰宝。

静安寺

地处上海繁华地段的静安古寺是一座历史悠久的著名佛教庙宇，原名"沪渎重元寺"。寺内建筑有赤乌山门、天王殿、功德堂、三圣殿和方丈室等。静安寺还有一座下院在宝山区，名"宝山净寺"，寺中大雄宝殿供三世佛，寺内有上海佛教协会安养院。

静安寺的素斋久负盛名，主要特点为鲜嫩爽滑、香味俱佳，代表菜有茄汁明虾、三鲜海参、草船借箭、炸青梅等。

真如寺

真如寺位于普陀区真如镇北首，为上海著名的佛教寺院，全国重点文物保护单位。

该寺院原名万寿寺，俗称"大庙"。创建于南宋嘉定年间，元延祐七年（1320年）重建，并改名为真如寺。新中国成立后政府曾拨款修理大殿。现存梁、柱、枋、斗拱等主体结构以及大部分构件皆为元代原物，是我国佛教寺院中为数不多的元代建筑之一。

城隍庙

城隍庙为正一派道士管理的道教宫观，又称"上海邑庙"。该观面积达1万多平方米，包括大殿、中殿、寝宫、星宿殿、阎王殿、财神殿、文昌殿、许真君殿、玉清宫等多处殿堂。在这1万多平方米中，还包括城隍庙的两座园林，西园（即现在的豫园）和东园。

城隍庙
The Temple of the Town Gods

城隍庙在上海市民中的影响颇大，每到宗教节日，去城隍庙烧香的人络绎不绝，"家家自有蓝呢轿，个个争穿红绉裙。妆出新年新气象，烧香邑庙去纷纷"是上海县《竹枝词》中描绘百姓烧香的情况。每逢城隍娘娘圣诞(农历三月二十八)，城隍庙内包括庙附近的商家全部张灯结彩，庙内香火越发旺盛。

★特别推荐：杜莎夫人蜡像馆

上海有一处全国独一无二的好地方值得人们逛逛，尤其是孩子们会更感兴趣，这就是位于上海南京路新世界十楼的上海杜莎夫人蜡像馆。

上海杜莎夫人蜡像馆，是继伦敦、阿姆斯特丹、拉斯维加斯、纽约、香港之后的全球第 6 座杜莎夫人蜡像馆。

杜莎夫人蜡像馆以制造惟妙惟肖的名人蜡像而闻名全球。杜莎夫人是法国艺术家，由其制作的真人蜡像栩栩如生，1835 年她在伦敦贝克街设立了一座永久性的展馆。

上海杜莎夫人蜡像馆分为七个主题展区："在幕后"、"上海魅力"、"历史名人"、"电影"、"音乐"、"运动"和"速度"。共展出包括姚明、刘翔、贝克汉姆、乔丹、邓丽君、梅艳芳、成龙、汤姆·克鲁斯、玛丽莲·梦露、爱因斯坦、戴安娜王妃、比尔·盖茨、比尔·克林顿等 70 多座栩栩如生的名人蜡像，他们全部是在伦敦由拥有 200 多年蜡像制作经验的工作室精心完成。

走到新世界商厦一楼售票处，赫然耸立着的是 NBA 篮球明星姚明。他带着憨厚的笑容，依旧是小平头、四方脸，右手搂着篮球，笑容可掬地俯视着每一个在他身边逗留的观众。

乘坐观光电梯直达 10 楼，电梯门开的一刹那，会让人有些炫目的感觉，一整片鲜艳的红色喷涌而来，沿着长长的走道一直延伸到视线的尽头。

刘翔正站在入口处，一身白底间红的运动服，身材比真人似乎略显矮小，表情也有些严肃，这和电视上经常见到的面带笑容的刘翔有点不一样。他和姚明都是上海人，在体育界取得的成就又最为瞩目，所以都被放在显眼的位置。

跨入"魅力区"，顿时就挤进了明星大派对。这里汇集了国内外演艺圈的不少知名人士，潇洒自信的张艺谋斜倚在石柱上，风情万种的张柏芝正在闪光灯前摆造型，冷傲的王菲正和那英在演绎那首经久传唱的《相约九

八》，大嘴美女朱丽叶·罗伯兹手扶沙发享受着温馨，财富大亨比尔·盖茨和李嘉诚则在一角亲切交谈。他们个个神态逼真，栩栩如生，常常吸引很多参观者争相留影。

在"幕后区"，有一些电脑游戏可以尝试，例如制作模型、植发、眼睛配对等，大家不妨亲手体验一下。杜莎夫人的塑像也在这个区域，她一席黑色长袍再加一个黑色斗篷，鼻子尖尖的，活脱脱就是童话里那个坐着笤帚满天飞的巫婆！难怪有这么多创意在她的大脑里。永远都蓬头垢面的爱因斯坦、夫妻老少配的杨振宁等科学家也都在此占了一席之位。

转过一个角就是"音乐区"了。歌坛大哥大刘欢正坐在吧椅上冲着观众微笑，左手抱胸，右手拿一个烟斗，一派怡然自得的样子。美国歌星迈克·杰克逊的皮鞋依然锃亮，脸色也依然苍白如纸，瞪着的两只大眼睛让人莫名生畏；谢霆锋手抱吉他正在舞台上忘我地载歌载舞，而妖娆的李玟不知什么时候已被人整得满头乱发；也许是因为身份特殊吧，邓丽君倒是有她单独的一块领地，脸上荡漾着甜美迷人的微笑。

"电影区"向来宾们介绍了从无声电影一路发展而来的历程。一顶黑色礼帽，一撇小胡子，还有一根手杖，这便是电影大师卓别林的经典装扮。这边梦露走到下水道通风口时，慌忙半蹲，用手往下按住被风吹起的裙子，神色有些尴尬却不失可爱；雍容华贵的奥黛丽·赫本正悠闲地抽着烟，烟丝还在忽隐忽现；而007已经武装到了牙齿，不过脸上血迹模糊，像是刚经历了一场惊天动地的恶斗；不远处，冯小刚正在导演着新片，男主角却仍然是深受观众喜爱的光头笑星葛优。

"体育区"也是大腕云集。只见聂卫平手摇折扇，若有所思地坐在一边下围棋；乒坛大姐大邓亚萍则笑盈盈地看着人们；还有李小双、郭晶晶、罗纳尔多和贝克汉姆等世界级明星。

"速度区"在接近出口的地方。"老虎"泰戈·伍兹蹲在绿茵茵的草地上，目测着到下一个洞口的距离，他那泰然自若的神情仿佛告诉大家，这次一定可以一杆定音。也就是在这里，观众会再一次邂逅姚明和刘翔，此时的"小巨人"姚明正在起身投篮，而"飞人"刘翔正身披五星红旗，旋风般奔跑着……

Madame Tussauds Shanghai

Madame Tussauds, the famous waxworks museum, opens in Shanghai as the sixth branch in the world, joining the rank of London, New York, Las Vegas, Hong Kong and Amsterdam.

Madame Tussauds was a French artist who was famous for her vivid wax modelling. In 1835, she settled into a permanent home for exhibition of life-size wax figures in the Bazaar, Baker Street, London.

Madame Tussauds Shanghai, the sixth branch in the world, displays the waxworks of foreign celebrities such as Princess Diana, Bill Gates, David Beckham, Tom Cruise, and great historical figures like Albert Einstein as well as contemporary Chinese figures such as the state's first cosmonaut Yang Liwei, Nobel Prize winner Yang Zhengning, Olympic champion Liu Xiang and popular stars like Yao Ming, Andy Lau, Jay Chou and Jackie Chan.

上海书店集锦

上海书城
地址：福州路 465 号
电话：63522222

季风书园
地址：地铁 1 号线陕西南路站站厅
电话：53821942，64152843

韬奋西文书局
地址：长乐路 325 号，陕西南路口
电话：54048729

汉源书店
地址：绍兴路 27 号
电话：64732526

广告湾咖啡书吧
地址：绍兴路 23 号
电话：54656467

中国科技图书公司
地址：河南中路 221 号（福州路口）

上海外文书店
地址：福州路 390 号

上海古籍书店
地址：福州路 424 号

沪港三联书店
地址：淮海中路 624 号

上海金融书店
地址：福山路 84 号

上海音乐书店
地址：西藏中路 365 号

上海建筑书店
地址：四平路 941 号

上海军事书店
地址：四平路 2575 号

上海机械工业书店
地址：丽园路 548 号

上海少年儿童书店
地址：石门二路 3 号

上海体育书店
地址：淞沪路 25 号

上海工具书店
地址：四川北路 856 号

上海人民美术出版社特价书店
地址：福建中路 206 号

上海外文书店旧书门市部
地址：盛泽路 89 号（专门收购、销售
过期外文期刊和图书）

上海新文化服务社
地址：福建南路 136 号（收购、销售各类
古书、旧书、期刊、碑帖、画册）

上海各大展馆

上海博物馆
地址：人民广场

电话：81885785 63723500

门票：20 元

上海历史博物馆
地址：虹桥路 1286 号

电话：62755595

交通：乘公交车 72、73，251、911 路至
　　　虹桥路下

门票：10 元

东方乐器博物馆
地址：汾阳路 20 号上海音乐学院内

电话：64370137-2132

老上海历史收藏馆
地址：上海老街（上海市方浜中路 385
　　　号）

电话：53821202

交通：乘 63、930、17、864 路公交、隧
　　　道八线福建路、豫园站下

海军上海博览馆
地址：宝山区塘后路 68 号

电话：56163295

交通：公交车 51、116 路

上海各大教堂及寺庙

国际礼拜堂
地址：徐汇区衡山路 53 号

电话：64376576

交通：地铁 1 号线衡山路站

徐家汇天主教堂
地址：蒲西路 158 号

电话：64690930

交通：公交车 15、42、93 路，地铁 1
　　　线徐家汇站

天主教若瑟堂
地址：四川南路 36 号

电话：63280293

交通：公交 71、127、126、11、64 路等

沐恩堂
地址：西藏中路 316 号

电话：63225069

佘山天主教堂
地址：松江区北佘山

电话：57651521

交通：旅游 1 号线

龙华古寺
地址：龙华路 2853 号

电话：64576327

交通：公交 73、87、41 路等

玉佛寺
地址：安远路 170 号

电话：62663668

静安寺
地址：南京西路 1686 号

电话：62566366

交通：公交 20、37 路，地铁 2 号线静安
　　　寺站

真如寺
地址：真如镇后山门 5 号

电话：62546340

交通：公交 63、105、62 路等

城隍庙
地址：方浜中路 247 号

电话：63842346

交通：公交 66、11、23、24、43、782 路

杜莎夫人蜡像馆
地址：南京西路 2-68 号新世界商厦 10 楼

电话：63587878 转 2201

门票：125 元/成人，75 元/1.2 米以下儿
　　　童、65 岁以上老人（凭身份证）

泛吧

咖啡馆——小资专线

Bar and Café for Petty Bourgeoisie

酒吧、咖啡馆 —— 小资专线 Bar and Café for Petty Bourgeoisie

最炫的风景在夜晚

上海最炫的风景在夜晚。

夜的上海，是灯红酒绿的，是酒吧里的喧闹，是咖啡馆的香气，是茶馆的绿氲。快乐的时候，叫上三五知己到酒吧闹到深夜；有心事的时候，独坐咖啡馆的窗前整理纷乱的思绪；兴致来了，就到陶吧里玩一把泥巴，把自己的心情捏成你喜欢的模样。

晚间10点，小城的人们已经入睡，而上海的夜生活才刚刚开始。一群群时尚青年男女怀着各种各样的心情一拨拨赶向衡山路、茂名路、新天地……

此刻，最好的风景即将展现。

Bar and Café for Petty Bourgeoisie

也许她是去赴约
Is she out for a date?

Shanghai looks more beautiful at night. When the sun sets and the buildings wear on their leon overcoat, energy of Shanghai changes dramatically. People, especially the young people gather in either noisy western style bars or quiet traditional Chinese teahouses. Hengshan Lu, Maoming Lu, Xintiandi, each bar, each café, and each teahouse is open to you anytime.

衡山路 / 茂名路 / 新天地

衡山路、茂名路、新天地是上海酒吧最集中的三个地方，也是上海小资们钟情的休闲场所。

衡山路

衡山路前衔淮海路，后接徐家汇，紧邻领馆区，整条街长2.3公里，是上海著名的休闲街。道路两旁繁茂的法国梧桐下，是颇具特色的各类欧陆建筑；路两侧有欧式风格的人行道隔离栏，红褐色人行道上每隔几米会有供行人休息的暗红色木椅；沿线的多处花园别墅，使得整条衡山路更显休闲氛围。

衡山路上经营的主要是酒吧、茶坊、餐饮、娱乐、美容、书画，还有宾馆、旅行社、服饰、银行等。1996年2月开业的欧登保龄馆是衡山路上最早开设的大型休闲娱乐场所。如果想要找个地方体会一下休闲街的感觉，则有"茶言观舍"、"寒舍"、"画予名苑"等茶吧，有"哈鲁"、"萨莎"、"梵氏思"、"欧玛莉"等酒吧，有"索列"、"好运"等咖啡吧，有"捷艺"等花吧，有"耕读园"等书吧，有"楼吧"、"原色艺术"布吧等。

如果想吃异国特色菜，这里有来自澳洲的"史东岩烧烤"，有来自美国的连锁店"星期五餐厅"，有经营中国第一家越南菜的"越南西贡餐厅"，有大型主题音乐餐厅"红蕃"，有日本的料理"缘禄寿司"，有德国式的西餐"运通豪士餐厅"，有泰国口味和风格的"天泰餐厅"，有意大利著名的西餐厅"沙华多利"。还有众多环境优雅的"香樟花园"、"席家花园"、"金鱼翅坊"、"锦亭酒家"、"福炉"等中餐酒家。

茂名路

茂名路酒吧街一向以狂放不羁而深受年轻人青睐。

狭窄的街道，酒吧一家连着一家。与新天地和衡山路不同，这儿的酒吧拒绝高雅，拒绝高贵和矜

新天地的酒吧外墙
The out wall of Xintiandi Bar Street

持，凌晨1点当周围的人们业已进入梦乡，这里却正是热闹的时候，很多人都是不醉不归的。

可是由于道路狭窄、交通不便、场地有限，加上周围居民的抗议，曾经喧嚣一时的茂名路酒吧正在日益向铜仁路等路段散去。

新天地

位于黄陂南路、太仓路的上海新天地，既是一个具有老上海风貌的景点，又是最具现代都市风格的休闲场所，是上海小资和老外们扎堆的地方。

新天地的石库门建筑群外表保留了当年的砖墙、屋瓦，当人们走进新天地石库门弄堂，依旧是青砖步行道，红青相间的砖墙，厚重的乌漆大门，

雕着巴洛克风格卷涡状山花的门楣，仿佛时光倒流，重回当年。

但一步跨进石库门里面，却又是一番新天地。原先的一户户隔墙被全部打通，呈现宽敞的空间，四季如春的中央空调，欧式的壁炉、沙发与东方的八仙桌、太师椅相邻而处，酒吧、咖啡室与茶座、中餐厅和谐搭配，墙上的现代油画和立式老唱机悄声倾诉着主人的文化品位。法国餐厅带来了欧陆风情，日本音乐餐厅带来了富士山文化；中央美术学院的重量级画家开设的画廊，见证中国邮政历史的邮局博物馆，原汁原味再现 20 世纪初上海一家人生活形态的石库门民居陈列室……东方和西方彼此交融，怀旧和现代互相交织，一切都给你一个真正的"新天地"。

白天，你可以看到很多中外游客来此观光、拍照留念。临近傍晚时分，这里更是弥漫着浪漫的欧式风情。露天的酒吧、咖啡吧最受年轻一族和老外们的欢迎；而一家家各具特色的餐饮店或是灯火辉煌，或是以微弱的灯光营造出一份浪漫的情调。

Xintiandi

Located in Huangpi Nanlu and Taicang Lu, Xintiandi, a shopping, dining and entertainment area, is a massive creation meant to fuse old Shanghai with the future one. Set along winding lanes, the Xintiandi complex includes restaurants, bars and shops that are housed in old renovated alley homes completed with red brick, stone facades and terracotta roofs. Young Chinese and foreign expatriates like to go there to look fashionable and imbibe the latest Western and Asian food and entertainment.

When people walk into the lanes of Shikumen buildings in Xintiandi, they may

酒吧里充满了诱惑
The bar is imbued with temptation.

feel like walking on the same gray flagstones and seeing the same red and black bricks, lacquered doors and Baroque doorframes as those who walked there generations and generations before them. Visitors will feel as if they were brought back half a century ago, though once they step into a Shikumen building, the sight of the new is sure to astound them. The air of international cuisines, the eclectic offerings among shops and boutiques, the endless first-rate service and the sublime beauty attached to every modern and historical detail of the compound, all reflect the dynamic fashion and character of Xintiandi. There is a Shikumen museum as well which showcase the interiors of a typical lane house.

Shanghai Xintiandi is where "yesterday meets tomorrow in Shanghai today."

著名酒吧

Park97　如果说你在上海不知道 Park97，就不是真正的泡吧一族。意大利风格的 Baci 餐厅，日本式的 Tokio Joe 餐厅以及 California 俱乐部构成了 Park97。California Club 里，是满眼的红——红色的高脚椅、红色的沙发、红色的靠垫，还有红色灯光，不夸张的精致和不露声色的奢靡是她的魅力所在。常去那里的客人年龄层次相对要高一些，但年轻人也会喜欢。晚上 11 点左右，酒吧里的人会渐渐多起来，大概有七成的外国人，黑头发的也大多是香港和台湾人。来这儿的共同原因是喜欢这里的环境和跳舞音乐。驻场 DJ 是马来西亚的 Daiya Kobayashi，通常这时候打的是 Hip-hop。据说，克林顿访华时还到 Park97 吃了两顿饭。

地址：皋兰路 2 号复兴公园内（思南路口）　电话：021-63180785

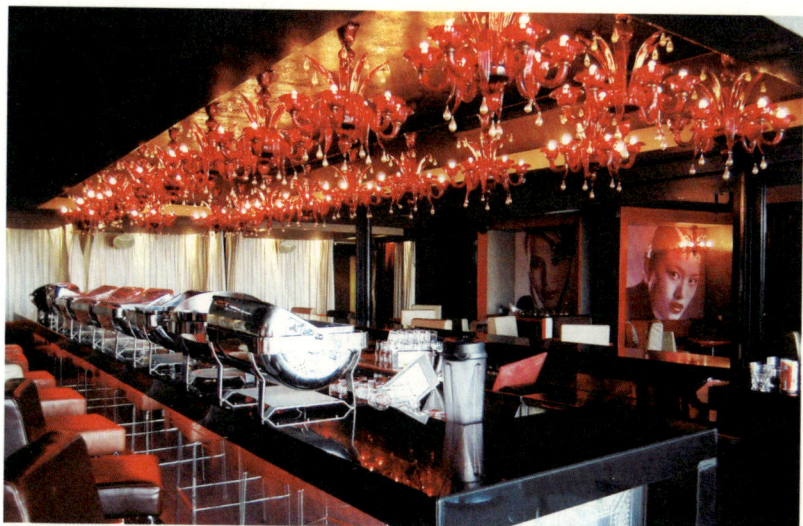

外滩 18 号酒吧
Bar 18

JoyPub 这个酒吧比较受留学生喜爱。大堂里有近 20 张桌子,坐得下 200 人。里面还有小型迪斯科厅,每周三至周六有知名乐队现场演奏,有另类的英国乐队,也有优雅的爵士歌手和乡村歌手。

地址:赤峰路 194 号 电话:021-65988104

宝莱纳酒吧(Paulaner) 是上海最著名的德式酒吧,店堂按照德国百年老店的风格设计。酒吧突破了传统的酿酒技术,所创的啤酒独树一帜。由于未经高温处理,啤酒中的营养成分没有被破坏,保留了原味,所酿制的生啤不仅口味极佳而且有益于健康。Paulaner 酒吧里的客人在享受鲜酿啤酒的同时,还可以清楚地看到啤酒的整个酿造过程。

地址:汾阳路 150 号 电话:021-64745700

单身贵族 听名字就知道该酒吧主要服务对象是什么人。酒吧环境装修以原木为主,简洁自然。男女单身贵族在这种环境下聊天、交友,会感到格外自在轻松。

地址:翔殷路 978 号 电话:021-65486676

1931's 装饰布置以旧上海风情为主题,旧的明星海报、旧电话,墙上还挂着些 20 世纪三四十年代的用品,在这里或许可以感受到旧上海的韵味。可容纳 50 人。

地址:茂名南路 112 号 电话:021-64725264

海金客 是上海最大型的体育酒吧和国际球迷沙龙。在这里除了享受美食,还可以体验运动的快乐。

地址:茂名南路 59 号锦江饭店食街 电话:021-64157979

红蕃主题音乐餐厅 墙上悬挂着印第安人头像,环境布置给人以原始、自然的感觉,一楼复合式餐饮有生啤、石头火锅、麻辣火锅,二楼有创意主题菜、酒、咖啡。每日 20:00 有乐队现场伴奏。可容纳 300 人左右。

地址:衡山路 10 号 电话:021-64746828

现代启示录(Apocalypseow) 这里的环境比较特别,高高的天花板,暗黑的钢质家具,每晚 9:30 有菲律宾乐队到此演出。

地址：长寿路亚新生活广场3楼　电话：021-62766855

牛仔啤酒廊　这是一家以啤酒、饮料、炭火烧烤、中西点心为特色的酒吧，可容纳200人。有各式风格、大小不等的包厢，还有助兴卡拉OK、桌球、棋牌、迪高、电玩等。

地址：长乐路536号地下室（近陕西南路）电话：021-54030070

轮回　这是很特别、很小的一家酒吧，以意大利音乐为背景音乐。木制墙壁、地板和桌椅，环境装修格调低沉、朦胧，手摇电话、旧风琴、旧杂志，使人似回到从前的旧上海。可容纳20人左右。

地址：南昌路125号　电话：021-64664098

乐仕西餐厅（ROXY）　这是一家可容纳50人左右的小酒吧，以美国乡村音乐为背景音乐，环境欧式化，墙上还有上海老照片，给人以中西融合的感觉。

地址：东方路904号　电话：021-58312234

恐龙世界　进入这家酒吧，好似到了"侏罗纪公园"。室内都是山洞，中间有一副庞大的恐龙骨架，一直延伸到二楼。一楼的屋角有豹皮纹的沙发，二楼烧烤吧有牛角椅，使人仿佛置身于远古时代。可容纳100人。

地址：茂名南路8号
电话：021-62583758

Famous Bars

Park97 As one of Shanghai's trendiest restaurant complex since 1997, Park97 comprises four outlets. The decor throughout is a blend of Art Deco elegance in the restaurants with large windows affording views of the surrounding park, and chintzy bright-red

酒吧里的调酒师
A bartender

velour in the bar and lounges. Baci is an Italian restaurant which is justifiably known for its fresh pasta dishes and very thin-crusted pizzas, but its most popular offering is its weekend brunch, including cocktail, pastries, and limitless tea/coffee. A children's menu is also available for brunch. Tokio Joe has sushi creations and delicious rolls, with three-course set meals. California Club is a very hip and loud disco while Upstairs at 97 is a lounge bar with a slightly mellower live band (usually jazz or Latin).

Add：2 Gaolan Lu, inside west gate of Fuxing Park
Tel：021-63180785

JoyPub   It is very popular with foreign students where they can enjoy the jazz and country music by famous band live performance from Wednesday to Saturday. A small disco hall is also avaible here with 20 tables altogether.

Add:194 Chifeng Lu
Tel: 021-65988104

Paulaner   Highly popular with local businessmen and their families, Shanghai's biggest beer house is a massive 1930s three-story structure. It is isolated from the road by a large green courtyard that serves as a summer beer garden. The in-house German-style brewery makes its own Munchner ale and lager, which goes down well with heaps of sauerkraut, sausages, cabbage and bratwurst. A second branch has opened in trendy Xintiandi.

Add: 150 Fengyang Lu
Tel: 021-64745700

Single Bar   The name of the bar may tell you who are most welcome. Single man and woman can chat and make friends in the relaxed environment decorated with logs.

Add: 978 Xiangyin Lu
Tel: 021-65486676

1931   Quite famous for its romantic colonial Shanghai setting, this small restaurant has recently undergone a renovation in favor of a more traditional Western look (flower wallpaper, thick drapes, and upholstered chairs). Fortunately, traces of old Shanghai remain -- wall posters of the 1930s, tiny intimate tables, and traditional qipao dresses of the waitresses (high collar, side slits) -- making this a still-pleasant spot to drop in for a Shanghai lunch, a light dinner, or late-night drinks. Popular menu items include lamb or duck scallion pancakes, Shanghai fried noodles, and Yuyuan Garden fried dumplings, though the dishes are mostly just average. For tipplers, there's a full bar with a range of reasonably priced liquors, as well as coffees, teas, and fresh juices.

Add: 112 Maoming Nan Lu, south of Huaihai Zhonglu, Luwan District (French Concession)

Tel: 021-64725264

Hai Jin Ke   As the largest sports bar in Shanghai and the international football fans saloon as well, Hai Jin Ke offers both the delicious food and pleasure of sports.

Add: 59 Maoming Nanlu, Jinjiang Hotel

Tel: 021-64157979

Red Tomato Music Restaurant   Impressed by it's original and natural decoration, guests can drink beer and eat chaffy dish at the 1st floor. Live band avaible everyday and admit 300 people.

Add: 10 Hengshan Lu

Tel: 021-64746828

Apocalypseow   Special environment of high ceiling and dingy steel furniture, Philippine band will give performance every night.

Add: 3rd Floor, Yaxin Shenghuo Plaza, Changshou Lu

Tel: 021-62766855

Cowboy Beer Bar   Beer, drink, charcoal barbecue, Chinese and western dimsum are the features of the bar. It may admit 200 guests at the same time. Also available are separate rooms with different sizes and styles and Karaoke, snooker, chess, cards, disco, etc.

Add: 536, Changle Lu (basement).

Tel: 021-54030070

Samsara   It's a small but special bar with lovely Italian music. Wooden wall and floor, wooden table and chair, hand set telephone, old organ and magazines, all of which unfold a world of old Shanghai. 20 guests admitted only.

Add: 125 Nanchang Lu

酒吧、咖啡馆 —— 小资专线 Bar and Café for Petty Bourgeoisie

Tel：021-64664098

ROXY   Combined with American country music and pictures of old Shanghai, the small bar can admit 50 guests at the same time.
Add：904 Dongfang Lu
Tel：021-58312234

Dinosaur World   It is full of caves inside like a Jurassic Park. In the middle there is a dinosaur's framework, stretching all the way up to the second floor. A leopard fur-effect sofa and an ox horn chair were put on the first and second floor respectively, which may bring you back to remote antiquity. It can admit 100 guests.
Add：8 Maoming Nanlu
Tel：021-62583758

著名咖啡馆

ALWAYS CAFE   背景音乐是乡村怀旧歌曲。价格适中，服务态度亲切。可容纳 70 人。这里的中午套餐味道不错，午餐时间常常爆满。
地址：南京西路 1528 号
价格：中午套餐 20 元 / 份
电话：021-62478333

在咖啡馆里谈心是种享受
Have a nice chat in a cafe.

马德里咖啡吧   马德里咖啡吧藏匿于小街的路边，房间不大，却布置得五彩缤纷，具有西班牙风情。以轻音乐为主，可容纳 50 人左右。那里有绘了油画的灯罩，小巧的藤茶几，是一个只听介绍无法想象出来的奇妙境地。
地址：茂名南路 146 号
价格：人均消费 25 元 / 人
电话：021-64721531

海德格尔咖啡馆   这家咖啡馆开在

了沪上最具人文气息的复旦大学旁边，颇具戏剧沙龙的味道。以爵士怀旧金曲为背景音乐，墙上有高低错落的电影、戏剧剧照，可容纳 20 人左右。拉开桌子、椅子，就成了小剧场。复旦的剧社就经常在这里上演些实验性的小剧场话剧。特别推荐：价廉物美的现磨咖啡，每周五的小剧场演出。

地址：松花江路 2505 号（复旦大学南区边门对面）

电话：021-65524109

海上星咖啡　在这里喝咖啡很有情调，复古的装饰，欧美的轻音乐，方方圆圆的木头桌子，皮面椅子或藤椅。

地址：淮海中路 1066 号 1 楼

电话：021-54030395

德利法兰新　位于淮海路上，装修优雅自然。逛街逛累了可以进来坐一坐，喝杯咖啡，吃点精致的西点，满屋子自然风情，实在是很好的享受。

地址：淮海中路 381 号中环广场 125 商铺

电话：021-53825171

波诺米咖啡　波诺米咖啡位于出名的外滩 12 号楼内，老式的电梯，老式的家具和壁炉。坐在屋内，品一杯浓浓咖啡，听一听外滩的钟楼钟声，看一看外面的夜景，自有一份安逸。

地址：中山东一路 1 2 号 226 室

电话：021-63297506

怀旧金曲　怀旧风格的装饰，深褐色的木头地板，阔木头墙壁，20世纪三四十年代的杂志，老照片和旧唱机，使人仿佛置身于从前。有两个楼面，一楼可容 20 人，二楼约容 20 人。

地址：重庆中路 18 号

电话：021-53065957

华都咖啡屋　幽暗的光线给人以怀旧的情调，曲折的溶洞小路，木制地板别有一种浪漫。虽店堂仅能容纳 20 人，但十分雅致。

地址：西藏中路 73 号

电话：021-63594586

酒吧、咖啡馆 —— 小资专线 Bar and Café for Petty Bourgeoisie

魔力意大利咖啡　意大利的咖啡口味，店面精致，环境干净舒适，服务热情周到，有欧美流行音乐。可容纳 20 人。特别推荐：魔力冰暴，卡布基诺，意大利 Espresso。

地址：南京西路 1399 号

价格：人均消费 30 元／人

电话：021-62478707

清逸艺术沙龙　咖啡馆不大，但却是上海主题咖啡馆之一，可容纳 30 人左右。在这里可以一边品咖啡一边欣赏墙上挂的油画，听一听轻音乐，享受一下轻松的气氛。

地址：茂名南路 175 号

电话：021-64377719

中申阳光咖啡厅　装修以意大利风格为主，环境舒适，可容纳 110 人左右。消费满 150 元送各色小炒，下午茶 14:00~17:00，夜宵时段 22:00~2:00，饮料买一送一。

地址：淮海中路 1428 号

电话：021-64735996

四季庭园　以轻音乐和浪漫怀旧金曲为背景音乐，环境幽雅浪漫，装饰精致。除了咖啡，这里还提供世界各国风味套餐。

地址：番禺路 390 号时代大厦一层

电话：021-62944469

异人馆　异人馆坐落在梅陇镇伊势丹商场内，墙上有蝴蝶夫人画像，轻音乐背景。在购物之余坐在舒适的沙发座椅上，喝一杯咖啡，或来一份套餐，既可休息还可以感受一下时尚。

地址：梅陇镇广场 4F

电话：021-62183003

真锅咖啡馆（连锁店）　日式咖啡馆。第一家真锅咖啡馆 1970 年诞生于日本东京。1998 年，真锅咖啡馆登陆上海。精致的白色骨瓷餐具、茶具和玻璃杯，格调高雅，以轻音乐为主。价格适中，集饮食、休闲于一体。

特别推荐：炭火咖啡、威尼斯早餐。

地址：华亭路 85 号

电话：021–64670605

著名茶艺馆

碧泉茶庄 这里有精美的根雕桌椅，环境幽雅。有茶艺小姐表演正宗的茶道，游人可以"偷得浮生半日闲"，约三五知己来聊天，或一人要一壶茶，寄情茶中，品味人生。

地址：平凉路 515 号

电话：021–65419337

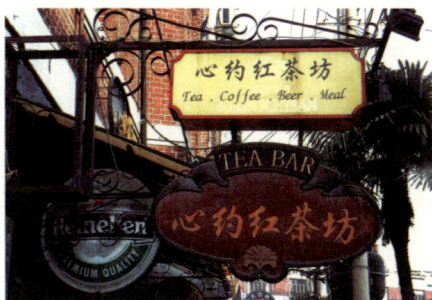

心约红茶坊
Have a cup of afternoon tea here.

避风塘茶楼（连锁店）

这家茶楼以回归自然为主题，周围充满乡情。价位便宜，一般只要花二三十元/人，就可以尽情享受；有咖啡、冰淇淋、珍珠奶茶、西红柿汁、瓜子、青豆等几十种茶类和小食。

地址：南京西路 859 号

电话：021–62729570

灰姑娘红茶坊 灰姑娘的故事总让人想起那个童话的美丽，这里的气氛和环境是为这样的故事而布置的。小小的店面，别致的竹木桌椅，青藤缠绕着竹制篱笆，还有青翠欲滴的一串串葡萄，坐在其中如同进入了美丽的童话故事。

地址：武宁路 310 号

电话：021–52910673

翠竹茶园红茶坊 翠竹茶园，环境布置如其名，以竹和茶为主题。竹和茶，是古代君子高雅脱俗之好。在竹制的桌椅和清香的茶水中，与竹园融为一体。

地址：武宁路 163 号甲

酒吧、咖啡馆——小资专线 Bar and Café for Petty Bourgeoisie

电话：021-62449786

湖心亭　这是豫园路上的一家名店。曾接待过英国女王伊丽莎白二世等许多国家元首和中外知名人士。该店布置古朴典雅，极富民族传统特色。有专业茶艺表演队为每一个顾客作茶艺表演，每周一下午还可欣赏到江南丝竹。湖心亭茶楼能容纳 200 余人品茶，供应各式名茶(有配套茶食)。

地址：豫园路 257 号

电话：021-63736950

鼎炉　以中国庭院式的外墙装修，红柱绿瓦，很有古味。里面布置干净、明亮，有竹桌，砖台，瓷画和一些可以乱真的干果装饰。这里还提供咖啡和奶茶。朋友在这里小聚，可以无拘无束。

地址：仙霞路 131 号

电话：021-62411548

红豆豆茶坊　红豆豆茶坊装修得优雅浪漫，茶名取得更浪漫，有"春归夕阳"、"烟雨江南"、"碧海书香"、"高风亮节"、"嫦娥醉春"、"卧薪尝胆"、"碧海银针"等，而且每一种茶均配以独特的茶具，并有茶博士耐心指导你喝茶。

地址：平凉路 1903 号

电话：021-65435943

乐颖 2000 泡沫红茶坊　装修很平常，但却是一家很热闹的茶坊，港台流行歌曲为背景音乐。这家茶坊主要以提供饮料和多种炒货小吃为主，实行 20 元无限量、无限时。

地址：福建中路 120 号

电话：021-63264105

香樟花园　与其他茶馆不同的是，这家茶馆的园内有棵大樟树，游客可以在樟树边饮茶、下棋、聊天。中午还提供商业套餐，优惠送茶、咖啡。

地址：衡山路 2 号甲

电话：021-64330956

酒吧里的老上海招贴画
Hanging on the wall is a poster of Old Shanghai.

品茗轩泡沫红茶坊 与众不同的地方就是这里有很多玩具，放在隔断的矮墙上。其中有可爱的电动大鲸鱼等机械类玩具，以及各种棋牌类游戏。在这里只要花上 18 元，就可以畅饮不限量，玩个痛快，一圆你的玩具之梦。

地址：长阳路 991 号
电话：021-65456620

青藤阁 这是上海首家大面积的自助式茶居，早茶免费，茶食、茶点自助。在这里消费分为四档：休闲档、习艺档、品茗档、省道档，各有不同档次的茶品供游客选择。另外还有清饮茶(特制)、功效茶(宫廷美肤茶)等，以及多种茶点供品尝。

地址：肇嘉浜路 414 号
电话：021-64371972

松竹林 这里为顾客表演饮品调制，并定期举办插花表演，进行教学及售卖。蓝色的木质桌椅，配以墙上一盆盆插花，格调沉稳却不失活泼。这里最出名的饮料是：旭日东升、苹果之吻、蛋蜜汁。

地址：肇嘉浜路 600 号
电话：021-64372534

宋园茶艺馆 是亚太地区最大的茶艺馆，现有面积 3400 平方米。宋园以其独特的空间优势，推出茶道献艺，有苏州评弹、江南丝竹、戏曲演唱等一系列节目，在品茶之余又可以充分享受一下中国文化。

地址：共和新路 1667 号
电话：021-56335282

天天旺休闲茶坊 这里价格不贵且有情调，有秋千座、凉亭情侣座，还提供各类棋牌游戏及桌球房(全天候)，是与朋友约会、娱乐的好地方。

地址：茂名南路 17 号
电话：021-62565337

天问茶屋 这个茶屋不仅名字富有哲理性，装修风格也很清新自然。灯光柔和，以轻音乐为背景音乐，桌椅、栏杆、楼梯都是用原木制作的。

墙上挂着油画，隔间有盆景。在如此轻松的环境里思考"天问"提出的问题，别有一番情趣。

地址：金沙江路 445 号

电话：021–62855256

听竹轩 这里有用竹子铺成的拱形小桥，还有假山石、淙淙流水和竹篱墙，一边的墙壁上挂着山水画。这里还有味道不错的茶食和中式点心。

地址：陕西南路 15 号

电话：021–62157792

仙踪林 仙踪林的环境优雅别致，其园林式的装修给人一种回归自然的感觉。其所有"仙踪林"饮品均由该公司自产自销，不但保证品质，而且价格实惠。作为一个休闲餐饮场所，工作之余邀上三五知己，去"仙踪林"坐一坐，无疑是身心最好的放松。

地址：淮海中路 671 号

电话：021–63724797

午夜来临，上海的夜生活才刚刚开始
When the time sets on the midnight, people begin to enjoy their nightlife.

倚天茶庄 在这里中式包房古色古香，日式包房别具一格，各种流派的茶道、茶艺表演，可令游人在轻松中尽情领略茶文化之精髓。倚天茶庄熔东方茶文化与西方饮品文化于一炉，开创了沪上茶室中西合璧之先河。

地址：四川北路 1318 号 31 楼

电话：021–63063366

著名特色吧

上海的风情充满意趣，各种特色吧是新近在上海流行的一种休闲时尚。游客可以到陶吧，拿起陶土，做一只充满个性的陶艺品；也可以拿起画笔，在绘画吧描绘自己心中的彩虹；如果愿意挥洒自己心中的豪气，则可以去剑吧拿起银剑体验佐罗的潇洒……

酒吧、咖啡馆 —— 小资专线 Bar and Café for Petty Bourgeoisie

华尔石陶吧　沪上首创的华尔石特色吧，消费水准贴近大众，内设陶吧、玻璃首饰吧和陶艺教室，还有原木的方梁、粗糙的斩石墙面、砖砌的仿真窑炉、永不停息的陶土拉坯机和一橱橱由原创制作家随兴而捏的陶艺作品。置身其中，不觉让人产生一展身手的冲动。来块泥巴，加上点水，在转盘上一圈圈有节奏的律动中将泥巴变为一件件极具个性的作品：一双紧握的双手，一个充满爱心的杯子，一个只放得下一朵花的瓶子……将这些毛坯在室温下干燥一周，然后再修坯，在上面刻画点诸如打油诗、自画像等个人感兴趣的东西。接下去再上釉，放入炉内烤，一个原创的陶艺作品就闪亮登场了。

地址：天目东路 77 号
电话：021–63079782

华尔石摄影吧　用镜头捕捉瞬间的世界，并不是专业人员才拥有的特权，华尔石影吧就是一个让普通人感受摄影乐趣的天地。专业摄影器材、道具和专业的摄影师让每一位来华尔石的人，无论是想请专家指点摄影技术的迷津，还是自己动手创意，都可以最终拍下专业水准的照片。

地址：中山东二路 181 号
电话：021–63740019

清逸艺术沙龙绘画吧　一踏入"清逸"，很容易回忆起儿时涂鸦画画的经历。坐在绘画吧里的画架前，在雪白的画纸上随意地涂鸦几笔，将平日里工作、生活中的快乐与烦恼化作笔尖的力量，勾勒出心中的图画来。再经老师指点一番，就会茅塞顿开。然后把自己的作品配上镜框，看起来还真像那么回事。如有空闲，画迷还可以参加沙龙，每周末有中国艺术家协会的老师来这里举办绘画讲座。

地址：茂名南路 175 号

怀旧吧　走进东海堂名画怀旧吧，一楼随处可见 20 世纪 30 年代西洋旧家具，不管是柚木的梳妆台、壁炉、沙发椅，还是青砖的隔墙、古旧的老式收音机，都是主人积多年心血觅得的私人藏品。其中高达 2.6 米的整体壁炉系上海目前仅存的一座，再加上黑铁柱台上的烛光……这一切都使人感觉到一种20 世纪三四十年代的家庭氛围。二楼则是一色的中国明清家具，红木罗汉睡榻、衣挂、钱柜、碗橱和红漆柜等。两层楼间相连的楼梯走道两侧也挂满了旧上海风情名画。在这里，游客可以翻到一些相当珍贵的图书杂志，全套的《故宫》周刊、线装本同治年间印行的《唐鉴》和京都文兴堂藏版的《芥子园书经》。置身于此地，仿佛时光倒流，可强烈地感受到大上海的旧日情怀。

地址：茂名南路 162 号 E 座
电话：021-64150227

织布吧　在忙碌紧张的现代都市生活中，坐在织布机前，体验一份平静与创造的和谐，是一种独特的体验。这里有四间敞开式包房，苗族、黎族、布依族、傣族的，各具民族特色。墙上则缀满了各式怪异图案的布袋、壁饰、方巾、桌布……其中，有许多还是客人的作品。地上的几口大锅很显眼，掀开盖子一看，原来都是各色染料。土家族的女孩会手把手地教客人一些中国传统蜡染的步骤，像如何绘布，如何用蜡，接下来专业工作人员将客人的作品放置在打底剂中，浸染滤干后，再放入染缸里用水洗去浮色，放入热水、碱水中脱蜡，经清洗整烫后，便可交给客人一幅完整的作品了。当客人看到自己经过一天的劳作织出的方寸之布，尤其是经过了多种工序完成的自制蜡染布，一定会很有成就感。

地址：天平路 137 号
电话：021-62948172

头大原创玩具吧　玩具，是人类开发智力的一种手段，自古中国人就喜欢玩"鸳鸯扣"、"九连环"、"华容道"等，而来自欧洲的"头大"原创玩具更是包罗万象。有"偷心"、"单身贵族"、"汉诺塔"，还有号称世界上最难玩的澳大利亚 3D 拼图，无论是小孩还是成人，都会被这神奇的三维拼图所吸引。想要在这个智慧王国里称王，非得下一番功夫不可。

地址：仙霞路 650 号
电话：021-62616402

★**特别推荐：活在上海的 22 种风花雪月**

即使你很高傲，即使你很懒散，即使你很羞涩，即使你很偏激，只要

酒吧、咖啡馆 —— 小资专线 Bar and Café for Petty Bourgeoise

你来到上海，而又不想自我封闭离群索居，总会沾染上几丝上海独有的小资情调。假如你喜欢上海，而又不是愤青，熟读以下文字，可以帮你提前热身，让你尽早融入上海的风花雪月中。

[去衡山路散步] 1

闻名遐迩的衡山路，最美丽的时光不是午夜，而是傍晚。这时候，街上华灯初上，行人稀少，沿着宽宽的梧桐大道随意漫步，只见西式的洋房、古典的教堂、街头的公园、私人的小院，还有那散落各处的酒吧和咖啡馆，全都披上了一层迷人的华彩，让你仿佛身处仙境。

[去七浦路放电] 2

据说，女人只有进入服装店才会两眼放电，那么，赶快去七浦路吧(自从襄阳路服饰市场拆除后，七浦路就成为人流最旺的一个服装市场)。这里的服饰中心和广州的流行前线一样，可以买到最时尚的长裙，最前卫的T恤，最流行的手袋，最新潮的鞋子。据说，男人只有看到女人才会两眼放电，那么，也赶快去七浦路吧，服装店最多的地方，美女也是最多的!

[去慈溪路淘碟] 3

做广告就不能不看碟，看碟就不能不去慈溪路。因为，这里是上海最集中的DVD碟片销售地，可以和广州的粤富广场媲美，所有市面上出现的热门和偏门碟片都能在此淘到。

[去哈根达斯约会] 4

爱她，就带她去吃哈根达斯。哈根达斯冰淇淋，全部采用世界各地的纯天然原料精制而成，马达加斯加的香草，巴西的咖啡，美国夏威夷的果仁，俄勒冈的草莓，比利时的巧克力，瑞士杏仁……创造出一款又一款的极品美味，再配以浪漫雅致的环境，足以把她的心融化。(旗舰店地址：淮海中路558号)

[去百盛门口见面] 5

据非官方的非正式统计，每天相约在淮海路百盛门口见面的人就有数万，因为这里是淮海路的中心，因为这里是时尚的前沿，因为这里有个小小的广场，因为这里有个大大的地铁口。如果你心血来潮想约朋友逛街，如果你早有预谋想约网友见面，就到百盛门口吧! (地址：淮海中路陕西南路地铁站口)

[去钱柜唱歌] *6*

几个朋友聚会，与其找个地方吃饭，还不如去"钱柜"唱歌。作为上海最流行的 KTV 店，这里不仅有最齐全的歌目，最震撼的音响，最舒适的环境，还提供自助餐任你品尝，总的花费也不比去餐馆吃饭多多少。而且，在晚上 12 点以后，包房费还可以低至四五折。(静安店地址：乌鲁木齐北路 457 号)

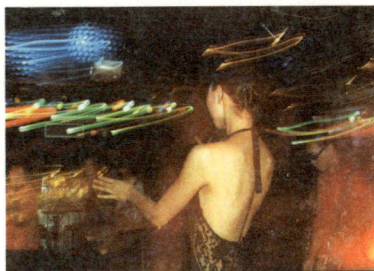

酒吧里的别样风情
A cheerful dancer

[去季风书店看书] *7*

位于地铁陕西南路站里的季风书店，可能是上海最好的购书之处。这里的店主品位较高，所卖的图书既多又全，而且新书上架很快。至于购书环境，更是非常宽松自由，即使你在这里看上一个下午，店员也同样笑容可掬，在这样的地方买书或看书绝对是件轻松愉快的事。(地址：地铁 1 号线陕西南路站大厅)

[去博物馆培养气质] *8*

别以为只有老古董才去博物馆，在上海，现在有越来越多的时尚青年喜欢定期去博物馆看看。除了 12 个固定的展馆外，这里还定期举办一些国内外特展，比如古埃及艺术珍品展、西藏文物精华展、墨西哥玛雅文明珍品展等。想培养培养气质？去博物馆吧！(地址：人民广场)

[去宜家寻找灵感] *9*

来自瑞典的宜家家居，坐落在万体馆旁的龙华西路上。这里最好的东西不是那些大件的家具，而是各种心思巧妙的小玩意，从纸做的台灯，到布做的碟架，从阔脚花瓶，到碎布地毯，从镂花碗碟，到活动书架……每去一次，都能淘到许多全新的宝贝，给你提供无穷的家居灵感。(地址：龙华西路 585 号华富大厦 1~3 层)

[去 m-box 听音乐] *10*

栖身百富勤广场 3 楼的 m-box 酒吧，中文名叫"音乐盒"，这里经常会上演各种音乐秀，连菜单都被设计成 CD 碟形状。而且，门口的壁画里还有崔健、张学友等流行音乐偶像。另外，这里还有一样特色，那就是酒，

m-box 可是"绝对伏特加"设在上海的形象店！(地址：淮海中路 1325 号百富勤广场 3 楼，美美百货对面)

[去 1931's 怀旧]　　　　　　　　　　11

位于茂名南路酒吧街的 1931's 酒吧，努力保存着旧上海的几丝辉煌印记，其装饰主要以旧上海风情为主，墙上挂着许多20 世纪 30 年代的日用品、老电话、留声机、明星海报……使得小小的酒吧有点像上海的旧里人家。坐在这里，你可以感觉到老上海全盛时期的几分流风遗韵。(地址：茂名南路 112 号)

[去宝莱纳喝酒]　　　　　　　　　　12

由白崇禧旧居改造成的宝莱纳餐厅，坐落于环境幽雅的汾阳路上，是上海最出名的酒吧式德国餐厅。这里 68 元一杯的现酿德国黑啤，口感醇厚，香浓爽口，恰似黑色的天鹅绒，绝非一般的瓶装啤酒可以比拟。而且，这里的木制家具和彩色玻璃全部出自巴伐利亚古教堂，让人有置身德国啤酒屋的感觉。(地址：汾阳路 150 号)

[去浦劲跳舞]　　　　　　　　　　13

地处金茂大厦裙楼的浦劲娱乐中心，是全城最新、最引人注目的夜间娱乐总会。它由东京先锋派设计公司 superpotato 设计，两层楼高的舞池周围环绕着内部透光的玻璃座，你可以坐在这里欣赏来自洛杉矶的六人组合乐队 maxtempo 的现场表演，也可以下场尽情热舞。(地址：浦东世纪大道 88 号金茂凯悦大酒店 3 楼)

[去东魅看星星]　　　　　　　　　　14

新天地里的东魅酒吧，是由谭咏麟、成龙、曾志伟等香港知名艺人所开，虽然里面驻场的只是一般歌手，但说不定哪天就可能碰到来上海度假的天皇巨星。如果你不喜欢喧闹的气氛，也可以到二楼的露台，这里不仅安静许多，而且还可以抬头望天，看看自然界中真正的明星。(地址：太仓路 169 弄上海新天地内)

[去 Park97 乘凉]　　　　　　　　　　15

作为夜上海最 in 的时尚前沿，开在复兴公园内的 Park97，具有得天独厚的清幽环境，公园里枝繁叶茂的法国梧桐，为这里的火红气氛招来几缕清风。夏日夜晚，如果厌倦了酒吧里的喧嚣，可以坐到外面的露天吧里，

听着迷幻的音乐，喝着冰爽的啤酒，让自己游离在繁华与宁静的边缘。(地址：皋兰路 2 号复兴公园内)

[去九重天看夜景]　　　*16*

位于金茂大厦 87 层的九重天酒廊，曾被美国《新闻周刊》评为"亚洲最佳休闲去处之一"。在这里，不仅可以喝到各式好酒，尝到越南软皮春卷、泰国炸虾饼等亚洲小吃，还可以隔着玻璃幕墙远眺上海的繁华夜景，让你的心灵远离尘嚣，进入九重天外的幻境。(地址：世纪大道 88 号金茂大厦 87 楼)

[去香樟花园发呆]　　　*17*

衡山路上的香樟花园，可能是上海最有气质的咖啡馆。这里临街的一面，拥有明亮通透的开放式玻璃窗，你可以找一个阳光明媚的下午，选一个靠窗的座位，点一杯蓝山咖啡，把思绪抛到九霄云外，只管看着窗外发呆，让路人成为自己的风景，也让自己成为路人的风景。(地址：衡山路桃江路口)

[去真锅喝咖啡]　　　*18*

有人说，在真锅能喝到上海最精致的咖啡，这绝非虚言。走进店内，侍者就会奉上一杯冰水，让你先纯净舌头，把味觉归零，然后再用英国原装进口骨瓷杯，为你冲泡一杯真锅独创的秘制炭火咖啡，任你细细品味其中的甘苦。日式咖啡的细腻与精致，在这里体现得淋漓尽致。(总店地址：华亭路 85 号)

[去星巴克小憩]　　　*19*

在上海拥有 13 家分店的星巴克咖啡馆（starbucks），已经占领了城市的每一个时尚据点，并彻底融入了上海人的生活。由于这里环境雅致，许多上班的白领和逛街的美女，都喜欢中途溜到这里驻足小憩，重要的不在于品尝咖啡，而在于营造那份优雅闲适的心境。(旗舰店地址：太仓路 169 弄上海新天地内)

[去真汉看戏]　　　*20*

身居肇家浜路的真汉咖啡馆，是全国首家多功能配套的酒吧式剧场，拥有 600 多平方米宽的演出空间。这里除了有特色小锅咖啡、西洋美酒和各式简餐之外，还经常以开放式的参与氛围，演出一些风格另类的咖啡戏

剧，成为上海一道独特的文化风景。(地址：肇家浜路 567-569 号，近小木桥路)

[去汉源书屋偷闲]　　　　21

由摄影家尔冬强创建的汉源书屋，隐藏在行人稀少的绍兴路上，它集书店和咖啡屋于一体，里面不仅收藏着许多 20 世纪二三十年代的老式物品，还有整墙的落地书架和琳琅满目的艺术书籍。你可以要一杯绿茶，选一本史书，把身体窝在法式雕花木圈椅里，惬意地度过一个轻松的下午。(地址：绍兴路 27 号)

[去仙踪林打牌]　　　　22

台湾人开的仙踪林泡沫红茶坊，在上海有 17 家分店，这里的所有饮品均为自产自销，并由受过专业训练的师傅即时调制。其装修风格尤其别致，原木制成的方桌方凳，靠窗一排的秋千摇椅，极具台湾乡土气息，让你有置身童话中的感觉。当然，来这里除了喝茶，还可以打打扑克聊聊天。(淮海店地址：淮海中路 671 号，近思南路)

(网友 sunny 提供)

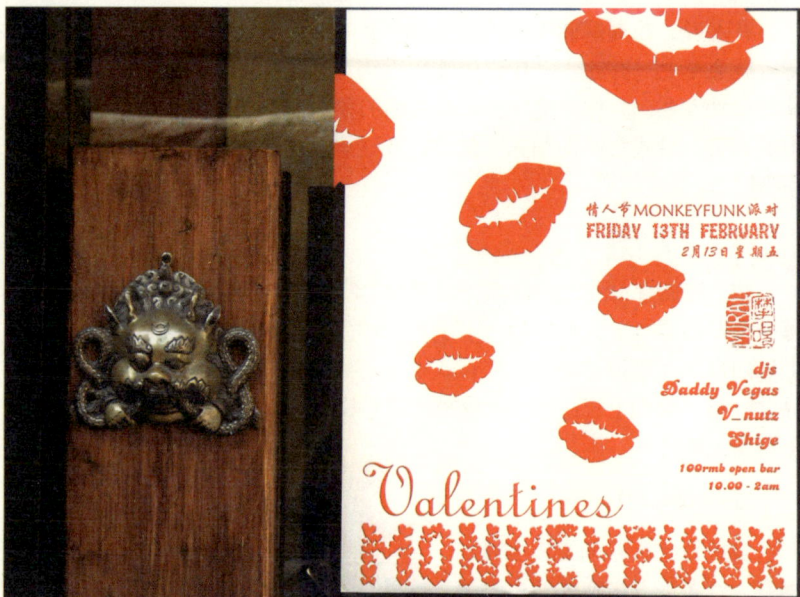

情人节的酒吧
A bar on Valentine's Day

酒吧、咖啡馆 —— 小资专线 Bar and Café for Petty Bourgeoisie

少儿 专线
Kids Tour

小朋友爱去的地方

来上海旅游少不了小朋友，小孩子们对逛街购物不会感兴趣，对高楼大厦也看不出个所以然来，那么，在上海这个大都市有哪些地方适合他们玩呢？

1. 要想坐旋转木马，玩碰碰车，滑板冲浪，体验惊险刺激，就去锦江乐园。
2. 要想认识大自然的奥秘，了解科学知识，就去上海科技馆和上海自然博物馆。
3. 要想亲眼目睹大鲨鱼、企鹅、白鲸这些海洋生物，就去上海海洋水族馆和长风大洋海底世界。
4. 要看老虎、狮子、河马、长颈鹿，就去上海动物园和野生动物园。
5. 要攀岩锻炼身体，体验户外运动，就去东方绿舟。

Kids Tour

坐在大白鹅身上真是舒服！
Sitting on the big white goose is comfortable!

Children have no interest in shopping and high buildings.

Where is fun for them? You can take the kids to the Jinjiang Amusement Park to ride merry-go-round, dodgems and skateboard or take them to the Science and Technology Museum and Natural History Museum to know the profoundness of the nature!

You can also take them to the Shanghai Ocean Aquarium and Changfeng Ocean Undersea World to see shark, penguin, and beluga or take them to the zoo and Wild Animal Park to see tiger, lion, hippo, and giraffe and to the Oriental Green Boat for outdoors sport!

锦江乐园

锦江乐园是一个现代化的大型游乐园，是让每位小朋友闻之心动的地方。

它开业于20世纪80年代，至今依然是沪上知名度最高的大型游乐场所。现有 30 余项大中型游乐项目，其中有从日本引进的 18 种大型游乐设施：单环滑车，单轨列车，木马游转，空战机，降落部队，空中转椅，莲花盘，脚踏单轨车，动物小车，碰碰车，惯性滑车，飞碟船，激光射击，UFO 转轮，高台变速滑道，摇滚滑道，奔流冲浪滑板，按摩池。一天玩下来，别说是小朋友，就连大人也会觉得意犹未尽。

　　近年来锦江乐园又增开了水上世界，有多种水上项目。水上世界在总体布局设计上加入了我国园林特色和民族风格，把亭、台、雕塑等融入水上游乐之中。在园中还辟有商场、餐厅、咖啡厅等配套服务设施，可以在冲完浪后坐在岸边喝杯饮料，听一听优雅的背景音乐。

摩天轮
Ferris Wheel

少儿专线 Kids Tour

上海科技馆

　　上海科技馆既有许多科技展览，也有不少好玩的项目，能让小朋友们在玩中懂得很多科学道理。而且，这儿的环境非常开阔，与浦西高楼大厦的狭窄拥挤相比，有种豁然开朗的感觉。

　　上海科技馆共有七个展区，包括：地壳探秘、生物万象、智慧之光、视听乐园、设计师摇篮、儿童科技园、自然博物分馆。科技馆中央大厅还展示包括巨型恐龙在内的近万件藏品标本，另有立体巨幕影院、球幕影院、4D 影院向游人开放。

　　在"智慧之光"展区，游客可以试试自己的智商到底怎么样。

　　首先上场的是脑球比赛，对阵双方要扎上红绿两色的布条，电极上再涂些新鲜盐水，等到指示灯亮起来，就集中精力用意念将中线的钢球推向对方底线。液晶显示屏上的红绿横线表明各自推进的速度，结果没坚持住 5 秒，你可能就被另一位参观者杀得大败。

　　再走两步，会听到有醇厚的男中音："明天午后起到上半夜，阴有雨，雨量中到大……"抬头看荧屏上的气象先生竟然会换成参观者自己。原来这里是"虚幻演播室",通过数字音频技术,把参观者的图像和气象云图的背景一结合,还真像那么回事。

而在"全息音响"里,戴上耳机,就会听到"咯咯咯咯"一阵恐怖的笑声伴着零乱的脚步,接着耳后会感觉被吹了口气,一种女声神经质似的不断重复"剪刀,剪刀,咔嚓,咔嚓"……非常恐怖,难怪门口提示"有心脑疾病者请勿入内"。

看四维电影会被淋水,觉得脚下有大闸蟹在爬,原来这水是从前面的椅子后背上喷射出来的。

此外,上海科技馆还是 2001 年 APEC 会议举办场所,可沿着 APEC 游览专线——中央大厅、主会场、宣言厅、会谈室、观景台等参观,领略历届 APEC 会议领导人的服装、礼品和会议用品等。

Shanghai Science and Technology Museum

As an important base for science education and spiritual civilization construction, Shanghai Science and Technology Museum has many scientific exhibi tions and amusing things where kids can learn the science from the fun. Furthermore, the space is

孩子们最快乐的,是成群结队出去游玩
Kids are happiest when they can play outside together.

very wide compared with the crowded high buildings of the west bank of Huangpu River.

It currently has opened 7 sections to the public, namely, Wide Spectrum of Life Section, Earth Exploration Section, Cradle of Designers, Children's Techno-land, Light of Wisdom Section, Home on Earth Section, Audio-visual paradise Section and Natural Section.

In the central hall, there shows over ten thousand of specimen involving huge dinosaurs. The IWERKS 4-D Theatre, IMAX Dome Theatre and IMAX 3-D Large Format Theatre are open to the public as well.

上海自然博物馆

上海自然博物馆是一座集古生物学、植物学、动物学、人类学、地质

学等多种学科的综合性自然科学类博物馆。

自然博物馆拥有馆藏标本25万件，门类齐全，其中有较高学术价值的模式标本1000余种（件），大量新记录标本，国家一、二级保护植物标本，珍稀化石、岩石、矿物标本，保护完好的中国历代古尸和历代人骨标本，以及一定数量的外国珍稀标本。

该馆每年接待观众数十万人次，其中中小学生占较大比例。目前，博物馆设有无脊椎动物、鱼类、两栖动物、爬行动物、鸟类、哺乳动物，古人类、古动物史，中国历代古尸，植物分馆等陈列厅和海洋世界特展等。

The Museum of Natural History

The Museum of Natural History is a comprehensive natural science museum that displays the history of paleontology, zoology, botany, anthropology and geology.

It has a collection of 250,000 items. Among which include 1,000 categories of specimens of high academic value and large numbers of specimens in plant, the Stone Age, minerals, and some of which are on the national list of first-class protected specimens.

The museum consists of several exhibition rooms as "Animal History of Ancient Museum of Natural Sciences", "History of Ancient Man", "Chinese Ancient Mummies", "Invertebrates", "Fishes", "Amphibians", "Reptiles", "Birds" and "Mammals", etc. It's said that the museum receives more than 10 thousand visitors each year, and most of the visitors are students from primary and middle school.

上海大自然野生昆虫馆

上海大自然野生昆虫馆位于东方明珠旁，是集旅游、观赏、科普教育为一体的国内首家活体昆虫展示馆。馆内区域划分为：昆虫长廊、蝴蝶谷、两栖爬虫溶洞区、生态触摸区、水域触摸区、热带雨林区、昆虫沙龙及科普教室。

步入馆内，游客可以看到田园、水域、沙漠、雨林、岛屿、沼泽等多种不同生态环境中的昆虫，从而感受到大自然的神奇魅力。在这里游客还可以观赏并触摸到许多活灵活现的昆虫，更可以自己动手制作昆虫标本。随着季节的变化，昆虫馆还会为游客呈现出不同的魅力与景象。这里还时常举办昆虫沙龙，给昆虫爱好者们带来无穷的乐趣。

上海海洋水族馆

上海海洋水族馆是亚洲规模最大的现代化海洋水族馆，毗邻东方明珠电视塔。

五彩斑斓的海洋生物
A colorful sea world

"通过水的世界跨越五大洲"，这是上海海洋水族馆的展示主题。馆内有 28 个大型主题生物展示区，分亚洲、南美洲(亚马逊)、澳洲、非洲、冷水、极地、海水、大洋深处八大展区。展出来自世界五大洲、四大洋的 300 多个品种、1 万余条珍稀鱼类及濒临绝种的稀有生物。其中最有特色的是毒箭蛙、水母、翻车鱼、叶海龙、帝王企鹅、白化尖吻鲈等。

水族馆中还有 4 条堪称世界之最的海底隧道，总长达 168 米。特有的自动步行海底隧道，180° 和 270° 的全方位景观视窗，让游客如同置身在海洋深处，从而能够全方位、多角度地观赏神秘的海底世界及光怪陆离的海洋生物，有身临其境之感。

Shanghai Ocean Aquarium

Shanghai Ocean Aquarium, famed as the biggest aquarium in Asia, is located just next to the Oriental Pearl Tower and is divided into 8 different thematic zones. It houses a collection of more than 300 species of aquatic animals from the five continents and four oceans, as well as over 10,000 rare fishes and almost extinct creatures. The main highlights include the Chinese sturgeon, giant salamander, electric eels, spotted seals, leafy and weedy sea dragons, jellyfish, and sand tiger sharks...

"Throughout five continents via the world of water" is the design concept of SOA, which brings visitors a fascinating "round the world" underwater journey. There are 4 underwater tunnels with the total length of 168 meters that enable visitors to experience and admire the uniqueness of undersea world by recreating the most natural surroundings for animals.

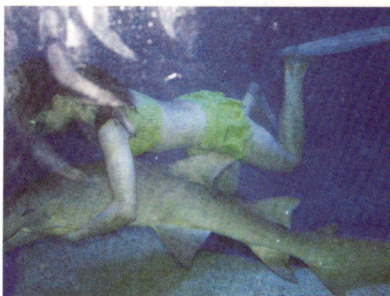

和鱼儿亲密接触
Have a close touch with the fish.

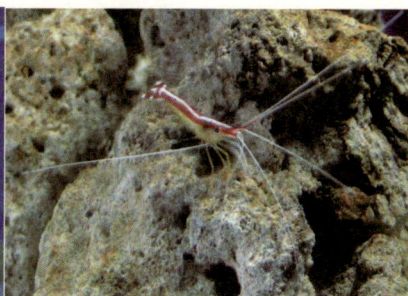

漂亮的海虾
A pretty sea prawn

长风大洋海底世界

　　长风公园是一处山水公园，园内植物160多种，有全市数量最多、品种最全的曹州牡丹苑和日本樱花苑。游客可以在园内宽阔的银锄湖上划船，而让小朋友更感兴趣的是公园内的大洋海底世界。

　　长风公园大洋海底世界主体部分建在湖底13米处，由两层结构组成，地面仅可见入口建筑与出口建筑。里面分为模拟空港、秘鲁印加古庙文化遗址区、亚马逊河流域、海边渔人小屋等观赏区域。

　　从入口建筑进入水族馆，进门就是一个模拟的机舱，像模像样的有座位、悬挂式电视、小小的椭圆窗口等，导游会说："海底之旅开始了，现在乘坐东航飞机，飞往印加古庙及业马逊河流域。"

　　出了舱门，在诡异的印加音乐中走下台阶，两旁是印加古庙巨石垒成的内壁，有一种直走下湖底的感觉。这里是亚马逊河景区，专门展示一些河流中的水族。200多尾食人鱼个子很小，但成群结队绕着一具白骨游弋，令人头皮发麻。继续往湖底走，便来到了"浅海景区"。再往前是"深海景区"，感觉明显像是到了深海，水面离自己很远很远。这两个景区分别展示在那里生活的海洋生物。各色水族们在五颜六色的藻藓、珊瑚中间游来游去，有海象、银龙、德州豹、天使鱼、剑尾鱼、燕子鱼、鲶鱼、灯鱼等，尽情地炫耀它们的活力；也有又长又肥的海鳗，蜷在珊瑚礁上睡觉，一副又懒又凶的样子。

　　亚马逊流域下游过来是儿童触摸池，这是一个环形水槽，人们可以亲自用手去感受明澈海水的清凉，而珊瑚贝壳或光滑或粗糙，无不光彩灿烂。触摸池是一个美丽的"海湾"，水底铺满了晶莹剔透的钟乳石，你可以用手触摸到海星、海胆、大海龟等。不远处有三个直径2米多、有一层楼那么高的透明圆柱——那些是生态缸，里面生活着开阔水域的群游鱼类和各种海洋生态物种。

接下来就到了最深处，其实就是长风公园的银锄湖底13米深处，但给你的感觉却绝对是深海效果。这里有所有海底世界必备的"海底隧道"。在鲨鱼馆，有5种鲨鱼，看着长达3.2米的沙虎鲨龇牙咧嘴地朝你游过来，以及潜水员喂食时"人鲨共舞"的惊险表演，会让人惊奇不已。那些看上去笨笨的大海龟，游起泳来真是憨态可掬，令人捧腹；它们还很有"镜头感"，一有拍照的，就会游过来"抢镜头"。

最后一站是去看生活在秘鲁及智利海岛的企鹅。也许是远离了家乡，这里的企鹅与南极雪地上摇摇摆摆走路的"企鹅绅士"相差甚远，它们长得有点像鸭子，在水中不停地游着，很淘气，把水弄得又脏又浊。由于隔着玻璃，游客听不见它们的叫声，靠音响传出的声音尖而吵，好像很凄凉，看来它们还是渴望回到南美的冰雪世界。

与一般海底世界不同的是，这里的景致和音效特别好，有瀑布、假山、小木屋，并不是除了鱼缸还是鱼缸；耳边一直都有很逼真的音效，波涛声、水泡汩汩声，让你仿佛身临其境。据介绍，大洋海底世界是由新西兰专家创意设计的。

长风公园里有个商店名叫"渔人码头"，里面布置得像个乡村渔市，可以买到来自新西兰和海南的各种贝壳、珊瑚等工艺品，造型均与海洋动物有关。"鱼人餐厅"造成了船舱的模样，透过餐厅玻璃墙，可以看见银锄湖的全景。

长风公园除了海底世界，另有一个极地白鲸表演馆。馆内的精灵宝贝是来自北冰洋的珍稀动物白鲸，属齿鲸类，大多生活在神秘的北极地区，被海洋生物学家列为国际濒危动物。白鲸有着丰厚圆润的前额，线条优美的唇部，白亮光滑的肌肤和肥满可爱的前鳍，长得极为可爱。白鲸在训练员的指挥下会上演水上芭蕾、空中飞人等精彩节目。如果另外付费，游客还可以和白鲸亲密接触。

上海动物园

位于上海西郊的上海动物园，是一座以饲养和展出动物为主的大型综合性动物园，占地达70公顷。

上海动物园的园林绿化造景别具一格，现有各类植物 385 种 65000 余株。园内绿树成荫，河流弯曲，湖面宽广。在这绿树繁阴、波光湖影之间，栖息着亚洲象、金丝猴、大熊猫、扬子鳄、丹顶鹤、东北虎、长颈鹿、河马等多种珍稀动物。

上海动物园除了有金鱼廊、长颈鹿馆、象馆、狮虎山、熊猫岭、猩猩馆、猴山等早期观光点以外，近年来又新建了两栖爬行动物馆、蝴蝶馆、食草动物区、猴类馆、海兽馆、科学教育馆、鼠猴生态园、豹房等大型展馆，使动物展览种类增至 600 多种 6000 余只；并建立起一批珍稀动物种群，如长颈鹿、斑马、赤斑羚、羚牛、华南虎、黑叶猴、节尾狐猴、东方白鹳、斑嘴鹈鹕等。

东方绿舟

东方绿舟，又名上海青少年活动基地，是上海首屈一指的青少年校外教育营地。

东方绿舟位于青浦淀山湖畔，占地 373.33 公顷，其中水上活动面积 133.33 公顷，这里水域浩淼，植被苍翠，风光旖旎，园内一步一景。

南面——河道、湖泊、小桥、树林、竹林、古木、奇石、大草坪和植物园，气象万千，美不胜收。北面——西班牙式、英国式、美国式等 30 多幢公寓鳞次栉比，尽显异国风情，网球场、沙滩排球场、游泳馆……现代化度假设施应有尽有。东面——威武的仿真航空母舰矗立湖畔，向你展示着军事现代化的奥秘。西面——月亮湾、渔人码头、亲水平台，淀山湖尽显几度夕阳红。

基地内设知识大道区、勇敢智慧区、生存挑战区、科技探索区、水上运动区、生活实践区及运动训练区等

勇敢的攀岩者
A brave cliffhanger

少儿专线 Kids Tour

八大园区。

经典陆地项目：少儿挑战园、素质测试园、勇敢者道路、攀岩、热气球升空、蜘蛛人、高空速降、索道速滑、乘风破浪、妙手灌篮、超霸点球、趣桥世界等。游人还可以在宽阔的园内放风筝，骑双人自行车，在烧烤园品尝美味。

水上活动项目：水上步行球、水上脚踏车、龙舟、手划船、电瓶船、脚踏船、游艇等。淀山湖码头（月亮湾）还有淀山湖快艇、摩托艇。

军事体验项目：仿真航空母舰参观、水陆两用车、4D 动感电影、95 枪模拟射击，还有米—8 直升机、歼—5 战斗机参观。

上海马戏城

上海马戏城，有"中国马戏第一城"的美誉，其独特的建筑造型，金灿灿的穹形屋顶，是上海标志性建筑之一。这里是上演杂技、马戏大赛的场所，当然也是小朋友心目中向往的地方。

马戏城场地能供演员同时在高空、半空和地面做立体化、大场面演出，除了上演杂技、马戏大赛，还能为综合性音乐、歌舞演出提供良好的表演空间。国内外著名优秀马戏、杂技节目每年都会在上海马戏城上演。

游人可乘地铁 1 号线，到共和新路下。出了地铁站就可以看到上海马戏城，票价为 100～200 元。杂技场共有 1638 个座位，演出场地不算大，呈半圆状，演员在演出的时候会照顾四周，所以一般买 100 元的票就行了。

这里经常上演的节目有杂技、驯兽表演等。场内配有先进的灯光设备和多声道、多重环绕音响。表演设有旋转舞台、复合升降舞台、镜框式舞台和吊杆，加上高空的 3 圈马道，构成了一座设施完善、功能齐全的杂技表演场所。由于设备先进，演出精彩，再加上舞美、灯光、配乐的完美配合，会让人全神贯注。尤其是表演马戏的时候，小朋友都看得津津有味。2006 年上演的时空之旅美轮美奂，吸引了众多参观者。

★特别推荐：上海野生动物园

上海野生动物园是我国首座国家级野生动物园，位于南汇三灶镇，距上海市中心约 35 公里。与闹市区的车水马龙相比，这里才真正是孩子们的乐园。

　　根据野生动物的生活习性，野生动物园分为游人可进入的动物放养区与游人不可进入的动物放养区、散养动物区、水禽湖和珍贵动物圈养区等。共展出各种珍稀动物 200 多种，计上万头，使参观者仿佛置身于动物王国。

　　园内有宠物猴园、鹦鹉馆、动物幼儿园、百鸟园、动物竞技场、小太阳岛、孔雀苑、观鹤楼、食草动物放养区、猎豹区、狮区、熊区、虎区、骑马场、百兽山、散养动物放养区等几十处游览点。有来自国外的长颈鹿、斑马、羚羊、白犀牛等动物，也有我国特有的一级保护动物大熊猫、金丝猴、华南虎、亚洲象等。

　　园内还设有动物迎宾、大型驯兽表演、大型广场艺术表演及沙滩游泳等免费表演及游戏。

　　游人在进动物园大门后，可领一张园区地图。先是进入步行区，你会发现这里才真正是孩子们的天堂，草地上躺着的，凳子上坐着的，还有趴在栏杆上的到处是忘形欢乐的孩子。在步行区可以一个区域一个区域地参观，在规定时间还有动物表演，经常是笑声和掌声一片。

　　最精彩、最刺激的就是登上公园空调大巴参观天然放养动物区。随着数道沉重的铁门缓缓打开，游人仿佛进入了侏罗纪公园一样。在这里，人进了笼子，成了被参观者，而动物就成为这片土地的主宰。它们一个个横在路当中，在车前好似闲庭信步，一副高高在上、爱理不理的尊贵模样，车子不时停下等它们通过后才能开走。在猛兽区，司机师傅会鼓励游客出钱买两只活鸡在狮区和虎区抛活食。通过大巴内活动的小窗，把活鸡挂在窗外，狮子老虎一看见车窗外吊着的活鸡，就会追着车子跑，不时向窗口扑来，很快活鸡就变成了死鸡，游人可见证猛兽之王的风范。

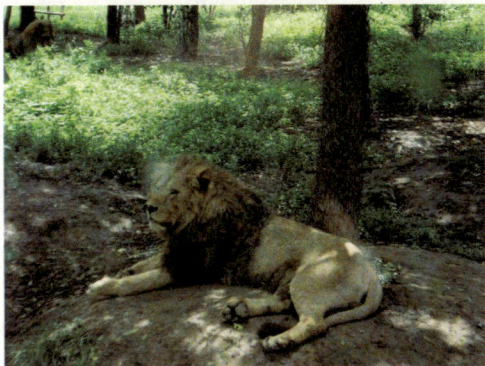

野生动物园里的狮子王
A lion king

　　动物园游览巴士运行时间为 8:30～16:00。游客也可自备车辆，但一定要确认车况良好后方可入内，因为在猛兽区曾发生老虎咬死修车司机的惨剧。游览区内限速 10 公里/小时，禁止停车、打开窗门、擅自下车。

Shanghai Wildlife Park

Shanghai Wildlife Park is the first of its kind being built in China. Located in Sanzhao Town of Nanhui District, Pudong New Area, Shanghai, the park is 35km from Shanghai downtown and covers an area of 2 square kilometers. Compared with the heavy traffic in downtown, this park is the paradise of kids indeed.

There are herbivore zone, free zone, aquatic bird lake, birds' zone, animal kindergarten, pet monkey park, rare animal park, animal performance zone, sea lion performance zone and other spots in the Park.

More than 200 kinds of rare animals, such as giraffe, zebra, white rhinocero, hunting leopard that are from abroad, giant panda, snub-nosed monkey, south China tiger, asian elephant and other domestic rare animals lived here.

憨憨的大熊猫
Cute pandas

The park is roughly divided into two parts: bus area and walk area. In the walk area, visitors can get close to many gentle animals. It is really a heaven for Kids. They are usually seen lying on the lawn, sitting on the benches, and clinging to the guardrails with ecstasy and happiness. And sometimes visitors may burst into laughter and applause when they watching big animals' performance.

Upon entering the bus area, you will see the free zone after the heavy Iron Gate opens, as if you've entered the Jurassic park caged up. Animals seem to become the dominator of this land. They stroll idly and get in the way so often that the bus has to stop now and then for the walking nobles.

锦江乐园

地址：虹梅路 201 号

电话：021–64364956

门票：20 元 (单环滑车)；15 元 (急流勇进)

交通：公交 50、93、徐闵线等到锦江乐园下，地铁 1 号线虹梅路站下

上海科技馆

地址：世纪大道 2000 号

电话：021–68622000、68542000

门票：60 元/人

开放时间：9:00~17:00 (周一休馆)

交通：地铁 2 号线科技馆站

上海自然博物馆

地址：延安东路 260 号

电话：021–63213548

门票：16 元

交通：公交 71、123 路延安东路外滩下

上海海洋水族馆

地址：浦东陆家嘴银城北路 158 号

电话：021–58779988

门票：成人 110 元/人；儿童 (80cm~140cm) 70 元/人

交通：地铁 2 号线陆家嘴站

上海大自然野生昆虫馆

地址：丰和路 1 号 (东方明珠塔旁)

电话：021–58406950

门票：成人 35 元/人；儿童 20 元/人

交通：地铁 2 号线陆家嘴站

长风大洋海底世界

地址：大渡河路 189 号长风公园内

电话：021–62453556–218

门票：成人 110 元/人；儿童 80 元/人

交通：公交 44、67、94 路等

上海动物园

地址：虹桥路 23 号

电话：021–62687775

交通：公交 57、505、91 路

东方绿舟

地址：上海沪青平公路 6888 号

电话：021–59233000

交通：游 4 线

上海马戏城

地址：共和新路 2266 号

电话：021–56656622

交通：地铁 1 号线，公交 95、46 路等

上海野生动物园

地址：浦东南汇三灶镇 (六公路上)

电话：021–58036000

门票：90 元

开放时间：8:00~17:00

交通：长野线、万野线、旅游 2 号线、沪南线到上海野生动物园站下

海盗船
Sea Rover

44

外国艺术家在表演
A foreign performer

公园 绿地专线
Park and Greens Tour

累了，倦了，找块草坪歇一会儿

作为一个现代化大都市，上海的城市绿化同样必不可少，高楼大厦需要公园绿地的衬托才能显出它的活力，忙忙碌碌的人们需要绿色的给养才能养精蓄锐，更好地建设这个城市。

上海市区大大小小的公园绿地多达几十处。有些本来就是开放式的，如陆家嘴中心绿地、徐家汇公园；有些也已经从收费改为免费开放，如鲁迅公园、长风公园。有些就在市中心繁华热闹地带，如襄阳公园、人民公园，游人累了就可随处找个躺椅坐下来歇一会儿；有些是远离市中心的大型公园，如共青森林公园、上海植物园，可以在周末专门找个时间漫步其中，呼吸新鲜空气。更有历史悠久的古典园林，让游客体会中国园林文化的古典之美。

Park and Greens Tour

As a modern metropolis, Shanghai keeps showing its international style in the city afforestation, which provides its citizens with more places to relax from busy work.

There are several dozens of parks and greenbelts available in the city: open greens like Lujiazui and Xujiahui Park, some parks free of charge like Luxun Park and Changfeng Park, and downtown parks like Xiangyang Park and People's Park. While on weekends, people may breathe the fresh air in Gongqin Forest Park and Shanghai Botanical Garden, or ramble over the century-old classical garden to admire the beautiful architecture of Chinese Classical Gardens, which are really enjoyable.

湖中自由自在的白天鹅
A pair of swans swim happily in the lake.

世纪公园

世纪公园位于浦东新区行政文化中心，和上海科技馆毗邻，是上海内环线中心区域内最大的生态型城市公园，享有"假日之国"的美称。

公园里翠绿的草坪
A beautiful lawn in the park

公园以大面积的草坪、森林、湖泊为主体，设置了乡土田园区、观景区、湖滨区、疏林草坪区、鸟类保护区、国际花园区和小型高尔夫球场7个景区，以及露天音乐剧场、儿童游乐场、垂钓等活动场所。建有世纪花钟、镜天湖、南国风情、东方虹珠盆景园、绿色世界浮雕、音乐喷泉、音乐广场、群龙追月大喷泉、缘池、竹林、鸟岛、奥尔梅加头像等景点45处。园内阡陌纵横，丘陵起伏，乔木常绿，湖水清澈，林间小溪蜿蜒流过，人行其中，顿觉心情平和宁静。

参与性娱乐项目有儿童乐园、休闲自行车、观光车、游船、海战船、绿色迷宫、垂钓区、广场鸽等。世纪广场内休闲自行车的出租处位于公园一号门、三号门和七号门入口处。卡丁休闲车：30元 / 小时；卡丁老爷车：40元 / 小时；双人自行车：20元 / 小时；双人豪华车：30元 / 小时；三人自行车：30元 / 小时；三人豪华车：40元 / 小时。

上海植物园

上海植物园在徐汇区南部，占地81公顷，是上海市区面积最大的专类公园。

园内设有盆景园、牡丹园、蔷薇园、竹园等十几个专类园区。现有植物3000余种，是上海的"植物博物馆"。

其中盆景园占地3.3公顷，汇集了以海派盆景为代表的精品近千盆，为国内最大盆景园之一。新改建的兰室以民居式园林建筑为主题，由展廊将亭、轩、楼、阁连接组成多个内院，设置假山、水池、水溪、瀑布、小桥等，营造出高雅、别致的环境。兰室收藏了著名爱国将领张学良将军和日本友好人士赠送的一大批名兰，共计近300个品种。

植物园还新建了自然山水园区、儿童植物天地、生态健身园、现代盆栽园艺展示区、国际园艺交流中心等区域。其中，展览温室作为植物园改扩建规划的主要项目，占地面积 4900 平方米，最高点 29.4 米。温室内部景观布置围绕热带雨林和四季花园两大主题，展示世界各地的热带植物1500余种。

植物园内每年春秋季都要举办高品位的花展，花展期间，一片色彩斑斓，游人如织。每到周末和节假日，上海市民常常扶老携幼，在此举行家庭聚会。

共青森林公园

共青森林公园位于上海东北角杨浦区，濒临黄浦江，是上海市区面积最大的以森林为主要特色的公园。

全园共分三大景区：东部沿黄浦江为森林景区；中部是水乡泽国，水面达 9 万平方米；西部是"深山密林"区。园内有树木 30 多万株，90 多个品种，还有丘陵草地、湖泊溪水。

游客可在园中尽情享受各种各样的休闲活动。或骑马漫步林中小径，或趟过潺潺溪流到湖中划船垂钓，还有有趣的滑水、令人尖叫的过山车、童年的旋转木马、恶作剧般痛快的碰碰车，晚上还可寄宿于"蒙古包"，进行野炊烧烤，尽情领略大自然的情趣。

在公园里打太极拳
People are doing exercises in the park.

陆家嘴中心绿地

占地 10 万平方米的陆家嘴中心绿地在陆家嘴金融中心区的核心部位，是上海规模最大的开放式草坪，被称为"都市绿肺"。

绿地入口处以"春"为主题的塑像，由八朵绽放的钢结构"鲜花"组成。绿地中心湖畔的景观篷主桅杆高 28 米，篷形既像白色的海螺，又像船帆。绿地还点缀着白玉兰、银杏、香樟、黄杨、水杉、红枫等植物，煞是好看。蜿蜒在绿地中的道路，勾勒出上海市花白玉兰的图案，恰似一幅上海市市标。白玉兰的中间，是 8600 平方米的中心湖，设计成浦东地图版块的形状。湖中央主喷泉在双层环形副喷泉的簇拥下犹如玉龙腾空，颇为壮观。

陆家嘴绿地因其周围都市景观集中，草坪面积巨大，往往成为不少新娘、新郎拍摄婚纱照的理想之地。每到五一、十一，对对新人争相斗艳，引得游人频频向其行注目礼。

徐家汇公园

徐家汇公园是开放式露天公园，位于徐家汇广场东侧，北起衡山路、南至肇家浜路、西临天平路、东近宛平路，占地面积约 7.27 万平方米。

徐家汇公园的设计以绿为主，特别突出与徐家汇繁华商业圈以及衡山路殖民地时期花园别墅风格的融合，以茂密的大乔木、各类花灌木、地被植物构成绿地的要素。这里有挺拔茂密的竹林、四季常青的松林，有展示热带风情的海枣和椰子，也有季节色彩明显的栾树林，沿湖还有芬芳的桃李和摇摆的垂柳。

公园内还有木屋建筑、雕塑小品、平静的湖面，以及贯穿东西大半个园区的景观天桥和建造原址留下的工业烟囱，这些人文和自然景观融为一体，尽显都市休闲风貌。

徐家汇公园周围有众多商店可逛，如汇金百货、太平洋百货、港汇广场等。要是在徐家汇逛街逛累了，这里是最好的休息场所。

鲁迅公园

　　鲁迅公园是上海市区北段一个大型的休闲场所，免费开放。周围每天到这里晨练、休闲的上海市民络绎不绝。

　　清光绪二十二年（1896年），英国殖民主义者在此圈地筹建万国商团打靶场，1922年改为虹口公园，所以公园风格是英国式。该园是鲁迅先生生前常来散步的地方。1956年，鲁迅的灵柩由万国公墓迁此，公园遂改名为鲁迅公园，并建鲁迅纪念亭、鲁迅纪念馆等。

　　鲁迅于1936年10月19日病逝，遗体葬在万国公墓。1956年鲁迅逝世20周年前夕在虹口公园建鲁迅墓，建成后，鲁迅的棺椁由西郊万国公墓隆重迁葬到此。墓前草坪上有一尊鲁迅坐像，面容安详，目光深邃有神。墓碑上有毛泽东的亲笔题字"鲁迅先生之墓"。墓碑下安放着鲁迅灵柩的基椁，上面铺筑光洁的花岗石。两旁的两棵桧柏是鲁迅夫人许广平和他们的孩子周海婴栽种的。墓的四周环抱着翠绿的松柏、香樟、广玉兰等长青树

公园里的风景总是令人赏心悦目
A beautiful lotus pond

和鲁迅喜爱的花木，整个墓区环境庄严肃穆。

鲁迅纪念馆是新中国成立后的第一个人物纪念馆，建于 1956 年。馆名由周恩来总理亲笔所题。纪念馆外形具有鲁迅故乡绍兴民间住宅的风格。馆内概括介绍了鲁迅先生的思想发展和战斗历程。

整个公园占地面积 28.63 万平方米，园内有山有水有瀑布，山水之间，堤桥相连，景色优美。公园内还有一处梅园，每到梅花开放时节，各种梅花争奇斗艳，十分漂亮。公园内游乐项目有湖中划船、游艺机、垂钓，还有小朋友喜欢的蹦蹦床、充气城堡等。

更为与众不同的是，这里经常有很多上海市民自发地聚在一起唱歌，而且是美声唱法，唱的歌以革命歌曲居多，唱歌的时候有帮着乐器伴奏的，有指挥打拍子的，有时还会有人自发伴舞。尤其是周末的时候，人群会围成一圈一圈，歌声此起彼落，场面煞是壮观。

复兴公园

公园绿地专线 Park and Greens Tour

提起复兴公园，上海人会觉得很亲切，因为他们当中很多人的儿童时代留在了这里。如今，它又是一个带着时尚感的休闲聚会场所。

复兴公园是上海开辟最早的公园之一。1909 年 7 月 14 日对外开放，取名"顾家宅公园"，也称"法国公园"。1945 年抗日战争胜利后，改名为"复兴公园"。

这座公园是上海唯一的法国式公园，有着法国古典园林规整的中轴线，雍容的沉床花坛，茂盛的梧桐、椴树和枫香，兼具中国园林风格的山石溪瀑曲径小亭。位于公园中部的毛毡花坛，又称沉床园，一年四季以各种不同的花色或叶色配合成地毯一般的图案花纹，故亦称地毯式花坛。加之彩色喷泉伴于其中，成为复兴公园的特色景区。

复兴公园北部有马克思、恩格斯双人塑像，是 1985 年 8 月 5 日恩格斯逝世 90 周年纪念日落成的，雕像高 6.4 米，重 70 多吨，表达了中国人对马克思和恩格斯的崇敬之情。

租界年代只允许法国侨民进入的园子，在今天已经成为上海人漫步休闲的地方。一些情侣旁若无人地躺在草地上享受阳光，而更多的老人则在浓密的树阴下分组对弈，一副其乐融融的样子。

而上海的时尚地标如钱柜、官邸酒廊、Park97、Lanteen 就隐蔽在这座公园旁，使得这座花园有着与众不同的时尚气质。

豫园 (Yuyuan Garden)

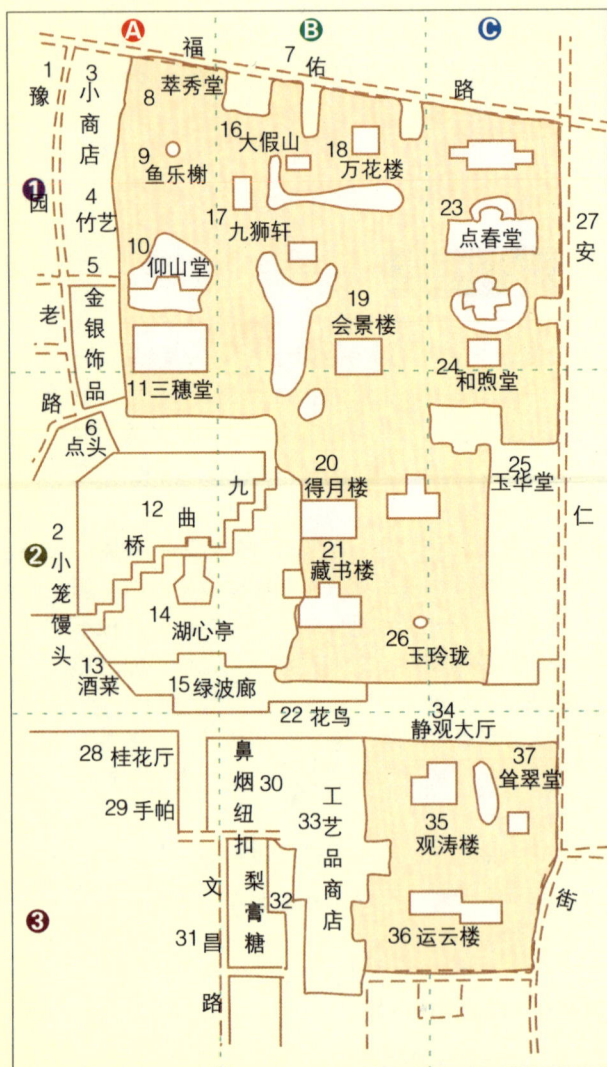

★特别推荐：豫园

在上海老城厢东北部，有上海最出名的一处古典园林，园内亭台楼阁、假山、小桥一应俱全，内部装饰考究，堪称江南古典园林的代表作，这就是著名的豫园。

豫园原是一处私人园林，始建于明朝，至今已有400多年的历史，是国家重点文物保护单位。

豫园虽居闹市，但由于设计巧妙，布局曲折有致，闹中取静，因此成为旅游者尤其是国外游人常去的地方。

豫园主要有七个景区：（1）三穗堂景区。（2）仰山堂大假山景区。（3）万花楼、鱼乐榭景区。（4）点春堂景区。（5）玉玲珑景区。（6）会景楼景区。（7）内园景区。

入得园内，只见亭台楼阁、厅堂廊舫、曲桥水榭、假山奇石、池塘龙墙，古树名花参差其中，富有诗情画意。

园里的围墙蜿蜒起伏，墙顶饰以龙头，并用瓦片组成麟状，象征龙身，一垛墙如龙游动，称为龙墙。据说，在中国古代，龙是封建帝王的象征，是不能随便用在建筑物上作装饰的。豫园在建龙墙时已是清末，而且龙只有三四个爪子，是为了避去"五爪金龙"之嫌。

豫园的主要建筑是三穗堂，高大宽敞，是当年主人举行筵宴的地方，后用于文人绅士庆贺圣典和"宣讲圣谕"的场所。

豫园内有一座颇有名气的大假山，高约10米，用约2000吨浙江武康黄石堆砌而成。块块顽石堆砌得十分自然，层峦叠嶂，洞壑深邃，使游人有如进入深山，既可远望，又可近观，堪比苏州的狮子园。这座假山是明代造园高手张南阳的杰作，据说是豫园的"镇园之宝"。

园内的点春堂是1853年上海小刀会起义军城北指挥所。玉玲珑是一块高约4米、玲珑透剔的巨石，据说是宋代花石岗遗物。

此外，园中值得观赏的还有一对元代铁狮，300多年的老藤和一株树龄400多年的银杏。有时豫园内还会摆放上百盆造型奇特的梅花，有各种不同的颜色，有的还是一树开出两色的花，十分美丽。

Yuyuan Garden

Located in the northeast part of Shanghai, the 400-year-old Yuyuan Garden is a famous classical garden built in the Ming Dynasty. Characterized by its exquisite layout, beautiful scenery and artistic architecture, the garden, acknowledged as "an architectural miracle in the south of Yangtze River", has become a significant national heritage site under state protection. Each pavilion, hall, stone and stream in the garden well express the quintessence of South China landscape design from Ming and Qing dynasties, which is especially welcomed by foreign fourists.

There're seven main scenic spots in the garden. Of which, the winding walls with dragon heads decoration and scale-like tiles on top are really eye-catching. In ancient China, dragon is always regarded as a symbol of the emperor, which can not be used by common people. So goes the legend that when the wall was first completed in the Qing Dynasty, like the dragon in royal palaces, they all had five claws instead of four. The feudal ruler, regarded it as a sign of irreverence and rebellion, had the claws cut in the end.

Being built about 400 years ago with about 2,000 tons of rocks being used, the Grand Rockery stands 10 meters in height and feautures in perilous peaks, cliffs, winding caves and gorges. It was said to be the highest rockery in Shanghai as well as the most magnificent one in southeast China during the Ming Dynasty. Today, on ascending the rockery, people can make a comprehensive survey of the garden.

The true treasure of Yuyuan Garden is the Exquisite Jade Rock, the relic of Song Dynasty, which is 3.3 meters (about 10.8 feet) in height and has 72 holes altogether.

Also included is Sansuitang, the largest and most commodious structure in the garden, Dianchuntang, two iron lions of Yuan Dynasty, 300-year-old vines and a 400-year-old gingko tree.

世纪公园
地址：浦东新区锦绣路 1001 号（1 号门）
电话：021-58335621
门票：10 元
交通：地铁 2 号线，公交 777、794 路等

上海植物园
地址：龙吴路 1100 号
电话：021-64365523
交通：公交车 56、111、龙吴线

共青森林公园
地址：军工路 2000 号
电话：021-65328194

门票：12 元
交通：旅游 8 号线，公交 102、124 路等

鲁迅公园
地址：东江湾路 146 号虹口足球场旁边

复兴公园
地址：皋兰路 2 号

豫园
地址：安仁街 132 号
电话：021-63260830
交通：公交车 11、126、926、66、42、
　　　64 路

郊外 乡村度假专线

Scenic Spots in the Suburbs of Shanghai

周末郊外大逃亡

都市里的风景再美，到了周末，整日疲于奔忙的上班族们也需要冲出钢筋丛林到外面透透气。上海的都市风光使人流连忘返，上海郊外乡村风光同样散发着诱人的清新气息。

崇明的农家乐，抓鱼、骑马、烧烤，野趣横生；

青浦的朱家角，粉墙黛瓦，小桥流水，徜徉古镇像是回到了前世；

金山、奉贤的金色沙滩，不出上海就可以享受到海滩戏水的乐趣；

南汇的桃花、玫瑰争奇斗艳，像是掉进了花的海洋；

松江的佘山郁郁葱葱，爬山登高，一抒心中豪情；

嘉定的古老孔庙和现代化的赛车世界共处一城，一天之内仿佛穿越了数千年。

Scenic Spots in the Suburbs of Shanghai

Try to excape once from the hustle and bustle of city life to the suburbs of Shanghai, you'll find its really worthwhile. When arrived, you may enjoy fishing, riding and barbecue in Chongming "Nongjiale", wander about Zhujiajiao, a beautiful and peaceful ancient town with pink walls, black tiles, small bridge and flowing water or splash at the golden sand beach of Jingshan and Fengxian.You may also go to Nanhui to admire the beauty of the peach and rose blossom, ascend the Sheshan Mountain to express lofty sentiments or visit the Jiading Confucian Temple and the modern world of racing cars, in one day!

崇明

要说上海风景最天然之处，莫过于中国第三大岛崇明岛的自然风光。

崇明岛没有工业，没有污染，水洁风清，到处都有未经人工斧凿的天然景色。早在明清两代，岛上就有"金鳌镜影"、"吉贝连云"、"玉宇机声"等瀛洲八景。如今崇明岛风光更加旖旎，绿树成荫的200多公里环岛大堤，犹如一条绿色巨龙，盘伏在长江口上。清晨，登上大堤东端，欣赏东海日出，不减泰岱奇观；傍晚，立于大堤西侧，饱览长河落日，令人心旷神怡。这里还有上海规模最大的森林公园——东平国家森林公园。

岛上最吸引游人的莫过于前卫生态村农家乐游线了。游客可以住农民家的房子，吃农民家的菜，和猪、羊、鸡、鸭亲密接触，体会一下回归自然的乡村生活。

此外，崇明岛还有众多的历史名胜和人文景观。有面向浩瀚江水的瀛洲公园；千姿百态的城桥镇澹园；还有金鳌山、寒山寺、孔庙、徐光启墓、明潭、郑成功血战清兵的古战场等遗址。

前卫村农家乐

和农民住在一起，吃农民自家种的菜、养的鸡，兴致来了还可以抢一把锄头体验种田的乐趣。越来越多的都市人赶到崇明前卫村体验其乐融融的农家生活。

前卫村是 1969 年从一片滩涂中围垦并崛起的村庄，如今已从昔日一片荒凉的沉寂小村，变成既具都市风光又有田园诗意的海岛第一村。这里水洁、土净、空气新鲜，花草绕村，碧波锦鳞，鳖蟹嬉水，大棚喷灌，一派田园风光。这里的村民将人畜粪水等废物变成了资源，既使环境得到了保护，又使工业、农业、副业、旅游业等得到协调发展。国内外农业专家近年纷纷前往前卫村参观考察，对这里的生态工程赞不绝口。1996 年，该村在土耳其获联合国"全球环境 500 佳"提名奖，2001 年 12 月被国家旅游总局批准为全国生态农业旅游示范点。2004 年，党中央总书记胡锦涛也来这里参观过。

去郊游喽
Go on an outing

游人在前卫村可以选择自己喜欢的住户入住。为了满足游客的需求，如今家家户户都为游客准备了洁净的白床单。而最让人心动的是地地道道的农家菜。农民按照自家平时做法炒的鸡毛菜、金瓜、白扁豆、玉米等，味道纯正，吊起了不少游客的胃口。游客还可以到农民自家鱼塘里钓鱼，然后到农家灶头自己做出美味佳肴来。

"Nongjiale" in Qianwei Village

As more and more city dwellers get interested in rural life, there appears a new ecological tourist package programme. By which, people can live in farm houses and eat farm food in person. With the time passing, even foreign tourists have been attracted as they can get the first-hand information of the farmer's life in Shanghai. Qianwei Village is the representative of its kind.

Willows and bushes grow on both sides of a road into the village, giving a quite different impression from other traditional villages where clay roads and overgrown weeds are dominated.

草鞋
Straw sandals

As an agricultural county free from water, air and noise pollution, the village attracts agricultural experts from both home and abroad to research. In 1995, the village was listed as one of world's top 500 ecological villages. When arrived visitors can experience traditional rural life and enjoy the seasonal specialties, such as peanuts, corns and taros. It is no need to worry about accommodation in the village as most are three-storey buildings. These family hotels are very well decorated and can be easily identified from the red lanterns hanging in front of them.

Another village newly recommended for "nongjiale" is Yingdong which also offers fishing as a tourist attraction.

东平国家森林公园

东平国家森林公园总面积为3.55平方公里，是目前华东地区最大的平原人工森林，也是上海最大规模的森林公园，里面游乐项目众多。

公园内森林繁茂，湖水澄碧，野趣浓郁。园内主要游乐设施有森林酒吧、沙滩浴场、水上乐园、青少年野营基地、跑马场、吊床、帐篷、野外烧烤、森林别墅、迷宫、风车等。特色项目有森林日光浴、狩猎、彩弹射击、攀岩、卡丁车等。

这里还有上海地区唯一的一家滑草场，占地1万多平方米，坡高十多米，草地平展，是一项受游客喜欢的新型休闲运动项目。

公园里还有一处独特的人文景观——知青纪念墙。纪念墙是崇明人民为纪念20世纪六七十年代来此奋斗过的22万上海知识青年而建造的，总体建筑由雕塑、浮雕、纪念墙组成。

东滩候鸟保护区

在崇明岛的东部，有一个滩涂候鸟保护区，面积有 3 万公顷，是世界上为数不多的野生鸟类集聚、栖息地之一。

这里群鸟飞舞，品种繁多，常有丹顶鹤等珍稀鸟类驻足，尤其是小天鹅在东滩越冬数量达 3000～3500 只。更珍贵的如白额雁、绿鹭、黑脸琵鹭等也有。还有来自澳大利亚、新西兰、日本等国过境栖息候鸟，总数多达 300 万只。

在观鸟的季节里，可以看到大片鸟群如天上的白云般飘移而至，景象颇为壮观。到东海观鸟，最佳时机是早晨，因为东海日出是崇明的一大自然胜景。崇明东滩地处东海最前沿，早晨既能观鸟又能观日出，一举两得。

金色滩涂

崇明岛地处长江和东海交界，长江下泄泥沙在岛周围形成了巨大的滩涂。

滩涂上繁殖生长着土鸡、蟛蜞、芦苇、关草、丝草、芦竹等动植物，蕴藏着较丰富的生物资源。在沙沙的芦苇荡，在苍茫的天水间，聚生着一簇簇翠绿，那翠的是杨，绿的是柳，如箭般刺向蓝天的是水杉。

崇明岛的金色滩涂，具有万种风情，值得一游。

观光大堤

崇明岛景观大堤西起"亚通"三号码头，东至瀛洲公园东侧，全长 670 米。大堤正面全部为钢筋混凝土结构，有 11～12 级 30 米长休息斜梯15 块，并根据潮位线设置了 3.65 米和 6.85 米两级亲水平台。堤上共设三条光带线，彩砖铺就的大堤上配置了休闲椅、电话亭等服务设施。

大堤中段的标志性建筑是气势恢宏的 9 个罗马式拱门，中间最高的为12 米；拱门正前方的堤岸上竖立的是一尊 4.8 米高的花岗岩碑雕，正是昂首挺立的崇明岛图形。

青浦

青浦地处上海的西郊，太湖流域的下游，水面占全县总面积的五分之一，是一个典型的江南水乡。青浦景点众多，有烟波浩渺的淀山湖，闻名江南的古镇朱家角，青少年活动基地东方绿舟，还有上海民族文化村、大观园、太阳岛度假区等。

青浦的水乡风景与上海其他郊区不同。西侧的淀山湖湖面东西宽 9 公里，南北长 18 公里，环湖周长 32 公里，面积 62 平方公里；此外，元荡、大莲湖、封漾荡、汪洋荡、众多湖泊星罗棋布，放眼远望，水天一色。在这里，古镇、水乡交相辉映，真可谓百河绕村镇，千桥卧碧波，极富江南水乡韵味。白居易、苏东坡、司马光、徐霞客、龚自珍，历朝文人墨客都曾在青浦留下诗词墨迹。

古镇朱家角

青浦朱家角素有"东方威尼斯"之称，是上海保存最完好的江南水乡古镇。

朱家角西濒淀山湖，早在宋元时期，这里就已形成集市，商业日盛，至明万历年间终成为"长街三里，店铺千家"的大镇。1991 年被国务院命名为"中国文化名镇"。

泛舟朱家角
Go boating on the lake of Zhujiajiao.

郊外乡村度假专线 Scenic Spots in the Suburbs of Shanghai

镇内小桥流水，所有的房子都建得古香古色，就连垃圾桶和路牌都很有韵味，古镇的生活节奏也似乎比繁华喧闹的城市慢几拍。

古镇上的"石皮街"街道狭窄，街两边楼上的人可以伸手互相递东西。一道道河水，温柔而恬静地淌过古镇；一行行绿柳，伫立河边随风摆动，青瓦红门，不时从中闪出一位柳眉樱唇的小家碧玉，踏着青石板穿行于古石桥边。此情此景，使人如入一幅淡雅清新的水墨画里。

朱家角几个有名的地方是放生桥、课植园和北大街。另外，还有大清朱家角邮局旧址、城隍庙、圆津禅院等。

晨雾中的放生桥
Fangsheng Bridge in the morning

放生桥

说到朱家角，标志性的建筑应该是"沪上第一桥"放生桥了。放生桥始建于明隆庆五年（1571年），全长70.8米，宽5.8米，高7.4米，五孔联拱，是上海最大的一座石拱桥。该桥构造精巧，形状美观，是朱家角十景之一。

放生桥顾名思义，就是放生积德从善。放生桥之名的由来，据说是明清时代，每逢农历初一，当地僧人都要在桥顶隆重举行仪式，将活鱼投入河中放生，以彰显对生命的尊重。不想，这却成了朱家角人们挣钱的一个途径，就是用保鲜袋装着一条条红色的鲤鱼在桥下桥上兜售。据说桥上有块龙门石，人们从那里把鲤鱼放生，取"鲤鱼跃龙门"之意。

一般的水乡古镇，镇上的河流都是小小的窄窄的，而像朱家角漕港河这样宽阔的水面却并不多见。也许正是这宽阔的水面，造就了放生桥的大气。它不像其他的小桥那样宛如江南的小家碧玉，而更像一个伟岸的大丈夫。在平静如镜的河水倒映下，5个半圆形桥孔会变成完整的圆孔。

站在桥上，可以远眺漕港河的船来船往，以及漕港河两岸的古镇民居，大上海的忙碌和快节奏在这里都不见了踪影，游客和居民们的脚步都是轻松愉快的。

课植园

课植园是朱家角镇最大的庄园式园林建筑。园内亭台楼阁，曲径回廊，

用过这个吗
Have you used it before?

风光旖旎，并留有明代书画家文征明、祝枝山、唐寅、周天球等人的手迹。园林区遍植桃、李、杏、枇杷等果树，故又称稻香村。园内还有罗汉松、翠柏等古树名木，常年郁郁葱葱，绿树成荫。

北大街

北大街也叫"一线街"，街道很窄，路上铺着整齐古旧的青石板，屋檐之间透出窄窄的阳光。街道两边店铺林立，颇有"长街三里，店铺千家"的繁华。

这里的店铺都非常有特色，西藏饰品店和魔术道具店里的很多东西都让人爱不释手。路边还有渔人之家、远古文化展示馆、稻米乡情馆等供参观。

北大街有很多小吃特别诱人。像蒸烧麦、扎肉面、白水鱼、葛阿婆粽子、涵大隆酱园的酱菜等都让人垂涎欲滴。

Ancient Water Town——Zhujiajiao

With Dishan River to its west, Zhujiajiao, dubbed "Shanghai's Venice", is the best-preserved ancient town in Shanghai. As early as the Song and Yuan Dynasties, a booming market has already formed. But it was in the Ming Dynasty that the town grew into a gathering place of merchants and a bustling town with large numbers of households as well. Nowadays, we can still find from time to time the hint of its glorious past.

Walking along the winding narrow lane paved with stone slabs, you will find yourself before an elegant traditional Chinese ink painting of little bridges over bubbling streams, simple, peaceful, tranquil and graceful. While the willows along the river and the stone bridge over the Dingpu River will take you away from the hustle and bustle of town into the peace and leisure of Zhujiajiao.

The well-known scenes include Fangsheng Bridge, Kezhi Garden and Beidajie Street as well as the post office site of the Qing Dynasty.

淀山湖风景区

水乡古桥
An ancient bridge

淀山湖地处青浦区朱家角的西部，距上海市区约 50 公里，是上海地区最大的天然淡水湖泊，因湖水凉中带甜，俗称甜水湖。湖呈葫芦形，平均水深约 2 米，面积 62 平方公里，为杭州西湖的 12 倍。湖水碧澄如镜，沿岸烟树迷茫，极具江南水乡风光。

现在的淀山湖，周围景点繁多，经过多年的扩建，已成为上海最大的旅游胜地。景区内建有红楼胜景大观园，还有上海市青少年野营基地（东方绿洲）、现代化的国际高尔夫球乡村俱乐部、多功能的水上运动场、太阳岛国际旅游度假区等，湖北岸和南岸还建有不少度假村、疗养院和宾馆，以及游艇俱乐部、钓鱼场等娱乐场所。

在淀山湖风景区的周围，还拥有丰富的历史人文景观。有 6000 年前的崧泽古文化遗址和福泉山古文化遗址，这是上海迄今发现的人类最早的聚居地。有丰富的古建筑，如唐代的青龙寺、青龙塔、泖塔，宋代的普济桥、万安桥，明代的报国寺、放生桥和清代的曲水园、万寿塔。

大观园

大观园位于淀山湖畔，分东西两个部分。

东半部以自然风光和植物造景为主。"梅坞春浓"景点栽种梅花4000余株，分红、绿、白三种。每当春寒料峭之时，梅花吐艳，暗香浮动，为上海著名赏梅胜地。"金雪飘香"桂花园，植桂树 3000 余棵，分金、银、丹、四季桂四个品种，是上海植桂最多的园林。金秋时节，桂花盛开，香溢数里。"柳堤春晓"是一条长达 380 多米的人工堤，堤上柳绿花红，桥堤相间，堤外碧波万顷，水天一色，淀山湖全景尽收眼底。"群芳争艳"百花园，一年四季花卉不绝，一块约 3 万平方米的天鹅绒草坪，犹如丝绒地毯一般。

游览区西半部为大观园，这是一座以古典名著《红楼梦》为蓝本，占地约 9 公顷的仿古园林。建有"怡红院"、"潇湘馆"、"大观楼"、"蘅芜院"、"稻香村"、"梨香院"、"拢翠庵"、"秋爽斋"、"紫菱洲"、"沁芳桥"、"牡丹亭"、"曲径通幽"等十余组建筑景点，建筑精致，风格典雅，再现了明末清初的古典园林风貌。

大观园游览区前面有一条"石城古风"的仿古街道。内有一座高达 47 米的七层仿古宝塔青云塔。此塔既是宝塔，亦是水塔，第六层藏有储水箱，塔景秀丽壮观。登塔眺望，大观园全景尽在眼前。

太阳岛度假区

太阳岛原名泖岛，在淀山湖旅游风景区的东南面，岛的四周连接泖河、太浦河，并与淀山湖、黄浦江相接，是三大水域来往船只的重要地标。太阳岛有着悠久的历史，远至西周时代岛上已有人类生活的遗迹，唐朝时达到了鼎盛时期。岛上建有泖塔和寺院，历代文人墨客、商贾名流都慕名而来，留下了许多歌咏泖岛的诗话。

1993 年 7 月，新加坡国际元立集团在这里投资，成立了太阳岛国际旅游度假区。度假区内有十八洞高尔夫球场、国际会议中心、度假别墅、游艇码头、野营基地、遛马俱乐部、天然温泉浴场等多种娱乐设施。

岛上的文化生活丰富多彩，建有现代美术馆，有专门的工作室、展示馆，美术爱好者可自己选择参与绘画、雕刻或制陶等创作活动。岛上还有全方位的休闲空间可供选择，如遛马场、射击场、卡丁车、沙滩浴场、玻璃金字塔、植物园等。

老外对民族工艺品情有独钟
Folk handicrafts are the favourites of foreigners.

另外，岛上还建有数百栋不同

风格的度假屋。岛的东部是个高科技的综合性主题公园，有模拟剧场、立体卡通人、神奇树、儿童乐园、黑暗古堡和文化美食街等娱乐项目。

上海民族文化村

上海民族文化村占地 20 公顷，东临淀山湖，在大观园东侧，具有"建筑民族化、活动风情化、环境生态化、餐饮乡土化"的鲜明特色。

民族文化村重点展示十大民族村寨风情，有傣家竹楼、白塔、缅寺、"女儿国"摩梭人、白族民居雕花楼、苗家吊脚楼，还有彝族火把节、佤族的鼓声、苗族的芦笙、景颇族的歌声、侗族鼓楼的飞檐斗拱、蒙古包的奶茶等等，无不散发着丰富的民族文化气息。

文化村内设有食品街，供应各民族菜肴和风味小吃。村内还设有综合表演场，上演各民族特色节目，如傣族的孔雀舞、彝族的上刀山、景颇族的刀舞、苗族的倒爬花杆等。

松江

松江风景不算十分出众，但佘山值得一爬。其他景点包括：方塔公园，凤凰山，广富林古文化遗址，护珠塔，欧罗巴世界乐园等。

佘山风景区

位于松江北部的佘山高 90 米，依山而建的佘山国家森林公园松竹茂密、景色秀丽，游人可以享受登高赏景的乐趣。而且，佘山还有一处漂亮的天主教堂、一座天文台和一座科普馆可以参观。

佘山国家森林公园以回归大自然为主题，新建游览、娱乐景点 20 多处，还修复了一批名胜古迹，如 1985 年新建的佘山修道院，1990 年建于山顶的天文观象台和地震台。还有极具特色的森林浴场、欢乐小竹楼以及竹制品艺术馆，都令人流连忘返。位于佘山西麓的森林百鸟园也值得一看。百鸟园占地 2 公顷，是目前上海最大的一个集科普、观赏为一体的鸟类景点，园内有名贵鸟类 50 余种 5000 多只，其中国家一、二级保护鸟类近 10 种，是游人避暑休闲的旅游胜地。

佘山山顶有一座漂亮的佘山天主教堂。教堂为法国传教士所建，融希腊、罗马、哥特式建筑艺术于一炉，部分采用中国传统手法，可谓中西合璧。教堂雄伟宽阔，堂内讲话不用扩音器便具有扩音效果，又无回音干扰。由于佘山天主教堂的宏伟壮观，1942年罗马教皇将其敕封为"圣殿"。每年5月的朝圣日，每天都有来自全国各地的信徒上山朝圣。

佘山天主教堂之侧，是中国科学院上海天文台佘山工作站。佘山工作站前身是天主教法国耶稣会于1900年创办的佘山天文台，装备有当时东亚地区最大口径的40厘米双筒折射望远镜，主要从事照相天体测量以及地磁、地震等科学研究，至今已有100多年历史，保存完好，目前还在使用。同样具有百年历史的天文图书馆珍藏有世界许多国家的天文书刊资料。佘山工作站建有1400多平方米展示面积，包括古天文仪器馆、科普馆、日晷馆、环形馆、阅览室、放映厅、科普报告厅等。除了有百年历史的40厘米双筒折射天文望远镜外，工作站还有30厘米、15厘米、10厘米等各种口径的天文科普望远镜供参观者观星赏月。山顶平台是630平方米的广场，地面采用花岗石铺地，周围栏杆用花岗石雕刻出44个星座图案，因而被称为"星座广场"。

另外，在佘山山脚下还有上海地震科普馆。通过参观地震科普馆的图文厅、仪器陈列厅、地震影视等，可以观摩大地震的历史场景。

Shanghai Sheshan Scenic Areas

Located at the north of Songjiang District, Sheshan Scenic Areas comprise the main scenic spots as the National Forest Park, the Grand Catholic Church, Shanghai Astronomical Observatory and Shanghai Popular Science Center of Earthquake.

Shenshan Forest Park is a great place to wander and stretch your legs. Nature is the theme of this area, as bamboos, flowers and birds create a fresh and relaxing atmosphere. There is an aviary with 5,000 birds.

Sheshan is one of the most important places for Catholicism in China as well. On each May every year, many people gather here for a pilgrimage to the Catholic Church at the top of Sheshan hill, the Church of Holy Mother. It is the largest Catholic Church built in Far East Asia.

Nearby is the Sheshan Station of the Shanghai Astronomical Observatory, the earliest observatory in China, which was originally built by the Jesuits. It now becomes one of our country's centers of astronomical research.

At the foot of Sheshan hill, there is Shanghai Popular Science Center of Earthquake. Visitors can know earth sciences and earthquake knowledge through the photos and videos of disaster.

奉贤

奉贤远离上海市区，但因有了杭州湾，便有了自己独特的魅力。

在东海奉贤杭州湾畔，棕榈树环绕，大风车旋转，一派地中海热带风情。奉贤海湾旅游区不仅打造了风筝放飞场、海上运动场和上海国际休闲城等项目，而且推出了滩浒岛、龙腾阁、世纪园林、东海普度庙、海上名人纪念园、棕榈滩海景酒店等十大景点。其中，海上名人纪念园因有幸埋葬着著名企业家王均瑶、海派女作家陆星儿、原上海博物馆馆长马承源等名人而声名鹊起，慕者云集。

而在奉贤所有景点中，最为吸引人的则是天然的杭州湾和中国最大的人造海滩——"碧海金沙"。

杭州湾

从上海莘庄地铁口乘公交莘海线，大约2小时，就到了奉贤区的杭州湾。

奉贤杭州湾是最靠近东海的喇叭口，风力特别大，为了更好地利用风能，人们在岸边竖起数台30米高的风车，远远望去，像一排站岗放哨的战士，这就是风力发电机。白色的风叶随风速时缓时快地转着，十分漂亮。

沿着海湾，是儿公里的堤坝，堤坝的墙上全都是儿童画，五彩斑斓、千奇百怪。这些儿童画长2米、高1米，全都由一小块一小块瓷砖拼合而成，一幅画要几百块小瓷砖。这些大海洋、大太阳、大轮船、大海马、大乌贼、大龙虾、龙王、仙女……想象力极其丰富，充满着儿童情趣。

在杭州湾，最好玩、最惬意的就是卷起裤脚，沿着1公里长的沙滩赤脚漫步。严格论起来，这儿的沙滩并没有沙，有的只是柔软的黏土。脚踩在上面，吧哒吧哒，非常舒服。如果幸运的话，有时还可以捉到几只小蟹，捡到几个贝壳什么的。海滩上有几匹马，花点钱可以在海滩或浅滩上驰骋。

每到周末和节假日，杭州湾海滩上会有成百上千人兴奋地奔跳着，欢笑着，放飞心情。

碧海金沙

上海临近大海却一直没有海滩，这让许多上海人感到遗憾。2006年夏天，随着全国最大的人造海滩——奉贤的"碧海金沙"水上乐园正式对游客开放，这个尴尬终于结束。上海人通过努力，终于在泥沙色的东南海岸线上圆了一个蓝海金沙的梦。

"碧海金沙"水上乐园共 2.8 平方公里，分为三个区域：东区是海水沉淀区及海上垂钓区；中间区域是总面积 79 万平方米的海滨泳场地，泳场内的沙滩宽 50 米、长 1.3 公里，贯穿东西；西区则是 151 万平方米的海上运动区。

为使海滩呈现"碧海蓝天，水清沙白"的滨海风情，海滨泳场的东面建有一个 46.5 万平方米的海水沉淀区。从浦东三甲港到金汇港，这里的海水含盐量最高，而且，海滨泳场的最深处达 3.6 米，所以在阳光的折射下，这里的海水呈现出一片碧蓝。

为使"碧海金沙"名副其实，奉贤海滩还特地从海南运来了 12 万吨的金色细沙。海域 200 米以内的海底都用金沙铺设。因此，除露出海面宽 50 米金沙带外，游客在 200 米近滩处，都可感受到细腻的金沙。

在奉贤"碧海金沙"水上乐园，除了碧海、金沙，游客还能在这里尝试摩托艇、动力伞艇、冲浪等海上运动项目。

在水上乐园的入口处，有一个 4 万平方米的停车场，一次性可停放 2000 多辆车，半天的费用是 10 元。乐园内有餐饮供应。离"碧海金沙"约 1 公里处，已建成星级宾馆 4 个，休闲度假居住别墅 3000 栋，还有海鲜一条街可供食客选择。

奉贤"碧海金沙"门票是 50 元。游客可在上海万体馆选择乘坐旅游专线车，直达海湾旅游区内。

金山

金山区位处上海市西南杭州湾畔，史有"控扼大海、襟带江浙"之说，是上海通向美丽、富庶的杭嘉湖平原的门户。全区总面积 586 平方公里，拥有海岸线 23.3 公里。

金山主要景点有金山三岛自然保护区、金山卫古城、戚家墩古文化遗址等，而今最为游人关注的就是金山城市海滩了。

金山城市海滩

金山拥有 23 公里长的海岸线，东起奉贤，西至浙江平湖。海岸线中景观长廊有 1.6 公里，目前，20 万平方米的城市沙滩已经建成。

　　金山海滩本身就是天然海水浴场，其沙滩平缓、沙质细软。为使沙的质量更好，金山从洞庭湖运来10万平方米金沙。铺沙时，专家还特意按照一个大圆弧连接一个小圆弧的形状铺设。

　　为了保护总面积20万平方米的沙滩浴场不受台风侵袭，在城市沙滩沙排场岸堤以外500米海域，建有一条3.5公里长的大坝。通过筑坝、物理沉淀、生物降解、人工造浪、自然循环等一系列的处理让海水变清，每90天坝内海水会循环一换。

　　金山浴场目前免费向游人开放，泳区面积8万多平方米，原始滩涂20万平方米；海滩上还可放飞风筝，玩沙滩足球、排球，捕蟹拾贝等活动。沙滩设有冲浪、摩托艇、气垫船和动力伞艇等水上游乐项目。每到夏季这儿都会举办各类大型活动，如世界沙滩排球赛、风夏音乐季歌会等，届时会看到许多明星到场。

　　金山嘴有不错的海鲜一条街，游人在此可品尝各种海鲜。对上海市民来说，金山之行，实现了不出本市游"滨海"的愿望。

金山农民画
Paintings drawed by the farmers of Jinshan.

金山三岛自然保护区

金山三岛海洋生态自然保护区是上海市第一个自然保护区。该保护区位于杭州湾北岸，坐落在上海市金山县，距金山嘴海岸约6.6公里，由核心区（大金山岛）和缓冲区（小金山岛、浮山岛以及邻近1公里范围内的海域）组成。

大金山海拔103米，为上海地区小山中最高者，东西长1公里，宽0.3公里；小金山在大金山西北，面积0.1平方公里，海拔32米，原有鹦鹉洲等处；浮山在大金山北，面积0.05平方公里，海拔30米，长300米，宽150米，状似乌龟。

中国科学院上海地理研究所和动物研究中心在小金山上饲养了百余只猕猴，并辟自然保护区。保护区内自然环境优良、生物种类繁多、自然植被保存良好，是上海地区野生植物资源最丰富的地方。该区主要保护对象为典型的中亚热带自然植被类型树种，常绿、落叶阔叶混交林，昆虫及野生珍稀植物树种等。

枫泾古镇

枫泾是很典型的江南水乡，位于金山区与浙江省的交界处，目前已开发的范围较小，大部分民居没有粉饰过，很纯的感觉。这儿没有太多的人流和繁华的集市，卖特产的小店铺很分散，所以不会太过拥挤，对于喜欢静静品味水乡风景的游客来说是绝佳的选择。

比较成气候的景观有：性觉寺、生产街廊棚、程十发祖居、三百园、三桥、人民公社等。

卖酒的店家
A local wine house

游客到达金山后，可从小镇汽车站出发，沿着指示牌到达丁聪漫画馆后，再沿北大街—清风桥—竹行桥—生产街—唔呀喔哩酒家（用餐）—莫乃弄—东区火政会—泰平桥—程十发祖居—古戏台—人民公社—三百园—纺织铺—双亭廊—施王桥游览，后往汽车站方向走，并继续往北到达性觉寺。镇内有6人游船，每船30元，沿

枫泾古镇的游船
The sightseeing boat in the ancient town

枫泾河可以看到古镇的大致风貌。

枫泾是个需要品味的地方，如果走马观花会觉得不值。因为没有浓厚的商业气氛，因此可以去细细品味。游客不用匆匆忙忙，因为景区不大，时间绝对充分。门票可以完全省略，景点并不是枫泾的重点，慢慢悠悠享受清闲才是来小镇的目的。

门票：游览枫泾不进景点的话不需门票，景点联票分 36 元、30 元两种。后者不包括性觉寺及护理院。性觉寺门票单独售 3 元。其余景点不单独出售门票。

特产："枫泾四宝"——丁蹄、黄酒、天香豆腐干、状元糕。

用餐：特别推荐唔哎喔哩酒家，在生产街上，共 24 间包房，节假日时常客满。这个酒家也是枫泾旅游广告上广告语的出处，意为"我的家"。菜品不错，也比较干净。推荐菜有：椒盐旁波鱼 18 元、清蒸白水鱼 48 元、盐花螺蛳 15 元、肉末焗豆腐 18 元、天香豆腐干 5 元。

南汇

南汇在上海东南端，紧靠东海。南汇有几个景点特别出名，即上海野生动物园、洋山深水港、芦潮港，另外还有东海影视乐园、桃源民俗村、中华民族大观园、中荷玫瑰园、上海古钟园等。

洋山港

2005 年底建成开港的东方大港——洋山港如今已经成为上海的骄傲，来自世界各国的远洋货轮每天在这里穿梭往来。而正是凭借这个优良的深水港，上海港才能确立东北亚国际航运中心地位，也才能向全球第一大港的目标冲刺。

作为世界上唯一建在外海岛屿上的离岸式集装箱码头，四面靠海，洋山港更是吊足了游客的胃口。身居大海中的她究竟是什么样子？

洋山港建在东海外海的小洋山岛上，距上海市中心人民广场 110 公里。要看清她的真面容，必须要过 32.5 公里长的中国第一跨海大桥——东海大桥。

东海大桥始于南汇区芦潮港，终于浙江省嵊泗县崎岖列岛的小城子山，按双向六车道高速公路标准

洋山深水港
Yangshan Deepwater Port

设计，桥面宽 31.5 米，设计行车速度 80 公里 / 小时。想想看，建在大海中的跨海大桥将是何等的壮观！

而到了远离闹市的小洋山岛上，在碧海、蓝天、海鸥的陪伴下，洋山港一样地显示出大上海作为国际港口的尊贵地位。在嶙峋的礁石外围"造"出来的 1600 米码头岸线上，5 个集装箱泊位一字排开，来自全球各地的远洋货轮进进出出，一派繁忙景象。

鉴于洋山深水港生产繁忙，为确保港口正常运营和游客的安全，目前洋山深水港旅游观光按照预约接待、定量定时、指定游线、价格公开的方式进行。

三个预约中心是：南汇旅游服务中心、上海工业旅游促进中心、上海

旅游集散中心，并按照预约先后顺序组团前往洋山深水港旅游观光。另外，游轮能否出海将取决于当天海面风速，如果风速超过 8 级，航班将停开，轮船公司会提前一天在 3 个售票窗口贴出告示通知游客。

洋山深水港每天开放旅游观光的时间为 8:30~16:30，每天组织赴洋山深水港旅游的总人数不超过 1500 人，3 个预约中心每天各办理 500 人以内预约。观光线路为：

A 线：上海市区—临港新城—东海大桥—洋山深水港观景台（往返），全程大约 4 小时；

B 线：临港新城—东海大桥—洋山深水港观景台（往返），全程大约 1.5~2 小时。

洋山深水港旅游观光实行统一价格：从上海市区出发为 60 元 / 人；从临港新城出发为 35 元 / 人。以上费用包括来回车费、路桥费、司机和导游服务等费用。

Yangshan Deepwater Port

The first phase construction of Yangshan Deepwater Port has been completed in 2005, which includes the building of the 32.2-km-long Bridge, the transformer station and the water-conducting pipelines.

Yangshan Deepwater Port has become the pride of Shanghai since it was built, which turns Shanghai into the international shipping center in northeast Asia and striding towards the ultimate objective — the biggest port in the world.

As the only offshore container terminal on the island in open sea, Yangshan Port tantalizes the tourist's appetite. What on earth does it look like?

Situated in Little Yangshan Island, the port is 110 kilometers far away from the downtown of Shanghai. Tourists must go through the Donghai Bridge, said to be one of the longest bridges in the world—32.5 KM in length and 31.5 M in width, before reaching the port. The bridge extends from the Luchaogang in Nanhui District to Xiaochengzi hill of Zhejiang Province. How do you think if your bus runs at top speed of 80 km/hr on a bridge on the sea? It was really amazing experience.

With gulls hovering over the waves and the sea and the sky seems to blend into one another, the bustling port serves the vessels from both home and abroad based on 1600-meter-long coastline and five container berths.

There run daily sightseeing tours to the Port from 8:00~16:30. It should be noted

that only 1,500 tourists are allowed to enter the port daily so as not to disturb the regular operations. Visits must be organized by licensed agencies and booked in advance. The three booking outlets, namely the Shanghai Sightseeing Bus Center at the Shanghai Indoor Stadium, the Shanghai Industry Tourism Center on Jianguo Road, and the Tourism Service Center in Nanhui District, can each send a maximum of 500 passengers daily to the deepwater port. Bookings, however, have to be made one day in advance. Cruises tour would be cancelled if the wind speed exceeds level 8 and notice would be stuck at the three booking centers in one day advance.

Price: 60 yuan (round trip) from Downtown Shanghai, 35 yuan from Lingang New Area.This includes the return bus fare, bridge toll, and service fee for driver and guide. There are two options for the tour. Line A: Downtown-Lingang-Donghai Bridge-Yangshan Port (about 4 hours for entire journey). Line B: Lingang-Donghai Bridge-Yangshan Port (about 1.5~2 hours for entire journey)

芦潮港

芦潮港是近年来开发的新兴港口城镇，为上海一类口岸。这片热土以得天独厚的地理环境和巨大的发展潜力被上海市政府规划为市级旅游风景区。

她位于上海最东南，东临东海，南与佛教圣地——普陀山、"南方北戴河"嵊泗隔海相望，北枕浦东新区。境内有"六快二慢"高等级公路直达南浦大桥、杨浦大桥，港口码头拥有 7 条航线分别通往浙江宁波、舟山、普陀山、嵊泗、大洋山、小洋山等地。

芦潮港气候宜人，花红水绿，有天然的渔业港口、深水港区、万亩桃园、黄金海岸、护堤森林等丰富的旅游资源。现代旅游设施功能完备，吃、住、行、游、玩一应俱全，有芦潮港大酒店、杭州湾娱乐总汇等 70 余家各具特色的海鲜餐厅、超级迷宫等娱乐设施，有独具匠心的度假村，也有温水游泳池、高尔夫球场、海滨浴场、海上花园等休闲场所。

南汇桃花节

南汇是一处新崛起的桃花源，桃树种植面积已逾 2666 万平方米，面积之大，品种之多，为华东之最。

当你登上木舟沿大治河顺流而下时，映入眼帘的是百里桃花争奇斗艳的景色。远看绯云一片，近瞧云霞万朵，云蒸霞蔚，明艳芳菲。舍舟登岸，迈进万亩果园的"桃花村"，铺天盖地的桃花将你置身于紫雾彩霞之中，令人目不暇接。漫步桃林之间，徜徉花海之中，色彩鲜艳的花海熏得你如痴如醉。

南汇桃花节的鲜明特色是美丽的自然景观和淳朴的乡情民风。旅游者穿行在田埂小道上，徘徊在鸟语花丛中，或垂钓，或耕作，或品尝富有田野趣味的野荠菜馄饨、南瓜饼、三黄鸡、新鲜鱼虾等，充分享受田园风光。

桃花节举办时，还有龙舞狮、桃花篮、江南丝竹、锣鼓书、荡湖船等一系列民间文艺表演。

中荷玫瑰园

南汇有一处面积巨大的玫瑰园，因地处东海农场而称东海玫瑰园，又因中荷合资，也称中荷玫瑰园。

玫瑰园位于南汇东部海边，与东海影视乐园相毗邻。占地面积 1 万平方米，植种玫瑰 7 万余株，品种达 28 种，有"玫瑰世界"之称。

整个园区全部用高大的铝合金玻璃房封闭，跨进电脑管理控制的暖棚，好像来到一个五彩缤纷的花卉王国。沿着园中央大道行走，阵阵玫瑰花香扑鼻而来。在中央大道的两侧，20 垅花田里长着齐腰高的玫瑰，花型各不相同，仅花的颜色就有 16 种之多，其中有极少见的蓝玫瑰和黑玫瑰。这些玫瑰的品种，全部是从"花卉王国"荷兰引进的。

中华民族大观园

南汇的中华民族大观园与上海野生动物园毗邻。她以集中体现我国 56 个民族的建筑、起居、服饰、饮食、婚俗、节庆、歌舞、工艺品为内容，并按其文化艺术和宗教信仰组成 10 个民族度假村。

此外，园内还建有八大特别景观：石林、瀑布及大榕树组成的大门景观，音乐喷泉中央湖，中央表演剧场，体育竞技场，会议中心及大型坐莲观音像，民族美食城，华夏购物城，还有赛马、斗牛、斗鸡等活动。其中水幕电影在国内也是首屈一指。

东海影视乐园

东海影视乐园是一处外景拍摄基地。它位于南汇区东海农场，南傍著名的芦潮港，东临浩瀚的大海。从市中心出发，驱车1个多小时便可到达。

影视基地有生活、生产、外景三个区域。

在生活区，拥有客房、会议室、餐厅以及与之配套的舞厅、卡拉OK厅、桌球房等。

在生产区，有目前上海最大的使用面积达960平方米的摄影棚，同时建有制景、化妆、服装、道具、灯光、美工等各种辅助工作间，可适应各种题材的影视剧的拍摄。

在外景区，有"旧上海一条街"、"金陵东路"街道、"西式"街道，还搭有近20间旧上海闸北区的棚户区等。景区内还有8000多平方米的"江南水乡"和"明清街道"景点，内有河流、孤岛、民居、牌坊、庙宇、衙门、戏台等各种建筑物，既有苏杭的味道，又有周庄的特色，风格多样，景色壮观。

东海影视乐园类似于中央电视台的无锡外景基地，但又具有沪上特色的海派风格。自1991年正式开放以来，在这里已先后拍摄了《上海一家人》、《画魂》、《三毛从军记》、《新梁山伯与祝英台》、《刘海粟》、《红尘无泪》等130余部、集中外影视剧。

嘉定

嘉定在上海西北端，自明代起境内的布市就很兴旺，至今这里仍然保留着诸多名胜古迹。有法华塔、南翔寺砖塔、孔庙、古猗园、秋霞圃、吴兴寺、唐经幢、天恩桥、状元楼等，无不透射出嘉定深厚的人文气息。此外，还有浏河岛上的自然风光。

而使嘉定名声大噪的则是建于此地的F1国际赛车场。这里每年会举行F1赛车中国大奖赛。尤其是明星云集的明星赛车表演，更是吸引了八方游人。

浏河岛

浏河岛不大，面积为1.08平方公里。岛上空气清新，风景秀丽，花果飘香。经过多年的开发，已育成森林绿地27万平方米，种植花木80多种。每逢花开时节，遍地红花绿叶，争奇斗艳，各具风采。

浏河岛建有多种仿古建筑和文化设施，如状元楼、潜研堂、伏虎祠；还有上海市少年儿童活动营地、小型高尔夫球场、芦荡垂钓、乡村农舍等游乐场所，令游客尽情欢娱，乐而忘返。

秋霞圃

秋霞圃是由明代龚氏园、沈氏园、金氏园和城隍庙合并而成，是一座具有独特风格的明代园林，为上海五大古典园林之一。

秋霞圃布局精致，环境幽雅，小巧玲珑。分桃花潭、凝霞阁、清镜堂、邑庙四个景区。凝霞阁景区的"环翠轩"轩西有复廊式碑廊，收集明清碑刻 17 方，值得一看。从西门入园有一个幽静的小庭院，院内"森桂轩"的四周遍植桂树；轩南置明代遗物"三星石"，分别取名"福、禄、寿"。园内还有一座"涉趣桥"，建于 1621 年，小桥连接曲径北岸，横跨幽泉清溪。

古猗园

古猗园位于嘉定南翔镇，是江南名园之一。建于明代嘉靖至万历年间，迄今已有 400 多年历史。园内因遍植绿竹，故取《诗经》中"绿竹猗猗"之意，定名古猗园。

古猗园占地约 8.7 万平方米，按不同景观分为逸野堂、戏鹅池、松鹤园、青清园、鸳鸯湖、南翔壁六个景区，各有不同风貌。古猗园以古迹和绿竹为特色，园内植有方竹、紫竹、大明竹、笔杆竹、凤尾竹、翠竹等几十个品种，还有唐代经幢、宋代石塔等古迹。

公园里的艺术展
Art exhibition in the park

孔庙

嘉定孔庙始建于南宋嘉定十二年(1219 年)，古有"吴中第一"之称。历南宋、元、明、清近 700 年间，整修、重建 70 余次，至民国后渐趋颓败。解放后于 1959 年纳入文物古迹开始重修，现被列为上海市文物保护单位。

孔庙门前为东西甬道，甬道东西均有牌坊，名为育才坊和兴贤坊。沿

孔子
The portrait of Confucius

汇龙潭有石柱，柱顶上刻有姿态各异的 72 只狮子，用于代表孔子 72 个最优秀的学生。进门是泮池，再往前是大成门。大成门前有龟座 7 只，背负大石碑，记载着 13 世纪以来历代修建孔庙的情况。

大成门内是明伦堂，前面为著名的当湖书院，是清乾隆二十年(1755 年) 嘉定知县杜念增为纪念他的前任，著名学者陆陇其而修建的。陆陇其一生清廉，从不奉迎，深受百姓爱戴。院中栽有腊梅、玉兰，环境极其幽雅。

在当湖书院东边，是一座碑廊，陈列有宋代黄庭坚，明代沈周、文徵明、董其昌，清代何悼以及学养志节相同的被誉为"嘉定四先生"的唐时升、娄坚、李流芳、程嘉燧的珍贵墨迹及诗文石刻。

孔庙内设有"考场"，向游人介绍古代的科举制度。

上海国际赛车场

赛车运动离中国人似乎一直有些远，但是自从上海国际赛车场在嘉定建成后，F1 赛事就在家门口举行了，车迷们也可以近距离欣赏到舒马赫等国际巨星的风采。而嘉定因为有了国际赛车场，一到有赛事的时候，整个城区也变得分外热闹。

从上海市中心坐车走中环线上沪嘉高速，下高速以后走宝安公路，不久就可以看到右手边上海国际赛车场壮观的主看台，虽然这时还不能看出"上"字形的赛道，但是大红色的主看台大厦和拥有美丽荷叶形顶棚的副看台依然可以让你领略这座赛车场的宏伟。

上海国际赛车场是目前世界一流、国内最先进的大型赛车场，赛车场主体建筑及其他主要建筑约 15 万平方米，包括主副看台、赛场指挥中心、新闻中心、车队生活区、维修站等。这些建筑采用了现代造型与中国传统文化相融合的设计理念。看台设计规模约 20 万人，其中主副看台 5 万个座位，其余为坡道临时看台。赛道的总长度为 5451 米。

作为一个功能齐全的赛车场，卡丁车赛道是必不可少的，在没有大型比赛期间，人们可以到赛道来开开卡丁车，过把赛车手的瘾。

上海国际赛车场自建成以来，承办了多次赛事，包括 2004、2005、

2006 年的 F1 中国大奖赛，MotoGP 中国大奖赛，V8 房车大奖赛以及国内部分场地汽车赛事等等。2006 年 F1 大奖赛举办的时候，舒马赫的到来引起了车迷们的阵阵尖叫，看台上传出的欢呼声简直就能掀翻顶棚。

宝山

宝山有两处小岛、一处古炮台值得一游。另外，还有以团体接待为主的宝钢工业游。

长兴岛和横沙岛

崇明岛南面有长兴岛和横沙岛，隶属宝山区。这两座小岛自然环境极佳，空气质量达到国家一级标准，夏季气温较之市区低 2℃，是休闲度假的好去处。

横沙岛上建有海滨浴场和水上运动设施，每到夏季会有大批上海市民前往避暑休闲。长兴岛全岛面积 76.32 平方公里，被誉为"绿色的翡翠"，镶嵌在万里长江的入海口。前卫农场位于长兴岛中部，现已成为全国最大的柑橘生产基地之一。橘园所生产的"前卫蜜橘"外观鲜艳光洁，皮薄无核，汁多味甜。园内的假山、长廊、盆景园、蒙古村、跑马场、海螺馆各具特色。园门东侧有情趣盎然的盆景园圃，西侧为构思巧妙的柑橘文化长廊。每当春末夏初，喷香扑鼻的洁白橘花遍散绿叶之间；深秋季节，金黄色的果实则垂挂在树枝上。每年秋季举办柑橘艺术节的时候，成千上万的游客慕名而来，观景品橘，成为上海旅游观光的热点之一。

吴淞古炮台

吴淞古炮台是民族英雄陈化成率部抗击英国侵略者的前沿阵地。

1842 年 6 月，英军舰队进犯吴淞口，陈化成在吴淞炮台率部迎头猛击，重创敌舰多艘，终因寡不敌众壮烈牺牲。

现在吴淞古炮台还存有当年所用的"平夷将军"大炮。当您站在古炮台上面对浩瀚的长江水，仿佛还能感受到当年的英雄们英勇抗击侵略者的悲壮场面。

宝钢工业旅游

宝钢是新中国成立以来已建成的规模最大、现代化程度最高的大型钢铁联合企业。为了向人们展示宝钢的现代化风采，宝钢集团开放了宝钢工业游。

走在18.9万平方公里的宝钢现代化厂区内，就像走进一座现代化城市。厂区绿化覆盖率近40%，那充满着浓浓绿意的生态环境会让你感到惊叹，上百头梅花鹿悠闲散步在厂房前驼鹿园内绿色的草坪上，相信这人性化的生态设计一定会给员工创造一个愉快的工作心情。

昂首入云的特大型高炉，巍然耸立，稳如泰山；走进车间，那日夜奔流着的通红的铁水，冲腾起一片金光，犹如阳光照耀下的黄果树瀑布；那伸入长江长达1600米的宝钢专用码头，每天吞咽着来自五湖四海和世界各地的3万多吨原料，向世人展现它的好胃口。

闵行

七宝古镇

去上海旅游，别忘了去闵行区一个千年小镇——七宝。它是离上海城区最近的江南小镇，现在去玩还不用买票。

七宝古镇始于北宋，盛于明清，自古以来一直都是商贾云集、人文荟萃的一方宝地。近年来经过地方政府挖掘开发，重现古貌。

在小镇蒲汇塘河边，柳丝飘扬，古色古香的建筑沿河一字排开。游客可乘小舟一路赏景。登上高高的石桥，可见不远处有七宝教寺的宝塔，与沿河建筑合成了一幅江南美景。在小街漫步，两边是明清老式小楼，各式商铺货品琳琅满目，吃的用的应有尽有。特产有阿毛方糕、千里香臭干、小笼包、糖藕、白切羊肉、馄饨、梅花

古镇石板街
The slate street of the ancient town

海棠糕等，每一样都会让你流口水。

走累了可入茶室品茗，恒霖茶楼、枕流阁、老茶馆等都可去试试。用餐的地方也很多，七宝老饭店、塘桥饭店的鱼头汤、蒸白丝鱼、炒螺蛳、炒菱藕，令人垂涎欲滴。老酒坊、老竹木作坊、纺织馆、蟋蟀馆等可购票参观。老酒坊还有售七宝特产——七宝大曲酒。

七宝小镇不大，主要商业街道也就 100 米不到，吃吃喝喝一圈兜下来，两三个小时就够了。

★特别推荐：各大旅游专线

1号旅游专线　上海体育场—松江各景点

途经站点：上海体育场(希尔西海洋世界)—漕河泾—桂林公园—泗泾—颛桥—佘山锦江漂流世界(6～8月)—佘山国家森林公园—佘山滑索道

头班车时间：6:30；末班车时间：17:00；间隔发车时间：20～40分钟。

全程：49公里，约60分钟。

票价：桂林公园2元，九里亭4元，颛桥6元，佘山漂流世界8元，佘山国家森林公园10元，松江方塔、醉白池12元。

2号旅游专线　上海体育场—南汇各景点

途经站点：上海体育场—打浦路—十六铺—南外滩—北蔡—周浦—下沙—茜琦世界—航头—新场—野生动物园—薛家宅—惠南镇

头班车时间：6:30；末班车时间：19:15；间隔发车时间：15分钟。

全程：56公里，约125分钟。

票价：打浦路2元，十六铺4元，北蔡6元，周浦8元，下沙、茜琦世界、航头8元，新场10元，野生动物园、惠南镇12元。

3号旅游专线　上海体育场—浦东新区各景点

途经站点：上海体育场—人民广场—陆家嘴中心绿地—东方明珠—滨江大道—金茂大厦—上海证券大厦—五牛城(钦赐仰殿)—名人苑—金桥出口加工区—张江高科技园区—孙桥现代农

业园区—华夏文化公园(吴昌硕纪念馆)—华夏旅游城—华夏海滨旅游区

头班车时间：7:30；末班车时间：16:50；间隔发车时间：60分钟。

全程：42公里，约90分钟。

票价：人民广场2元，陆家嘴中心绿地、东方明珠、滨江大道、金茂大厦、上海证券大厦4元，五牛城、名人苑6元，金桥出口加工区、张江高科技园区、孙桥现代农业园区10元，华夏文化公园10元，华夏旅游城、华夏海滨旅游区12元。

4号旅游专线　上海体育场—青浦各景点

途经站点：上海体育场—上海动物园—上海马场—曲水园—朱家角—水上运动场—报国寺—福克俱乐部—大观园

头班车时间：7:00；末班车时间：15:00；间隔发车时间：30~60分钟。

全程：64公里，约90分钟。

票价：上海动物园2元，曲水园10元，朱家角12元，水上运动场、报国寺14元，福克俱乐部、大观园16元。

5号旅游专线　上海体育场—崇明岛

途经站点：上海体育场—人民广场—纪念路—吴淞码头—夏园宾馆—宝杨码头—崇明

头班车时间：6:30；末班车时间：16:40；间隔发车时间：40~90分钟。

全程：50公里，约150分钟。

票价：人民广场2元，吴淞码头6元，宝杨码头8元，崇明学宫8元，崇明东平森林公园12元。

6号旅游专线　上海体育场—嘉定区各景点

途经站点：上海体育场—长风公园—真如镇—古猗园—汇龙潭、孔庙(法华塔)—秋霞圃(嘉定宾馆)—上海汽车活动中心

头班车时间：6:30；末班车时间：17:00；间隔发车时间：45分钟。

全程：41公里，约120分钟。

票价：长风公园2元，真如镇4元，古猗园6元，汇龙潭、孔庙、秋霞

圜、上海汽车活动中心 10 元。

7 号旅游专线　人文历史景观线

途经景点：上海体育场—龙华烈士陵园—宋庆龄故居、上海图书馆—
　　　　　上海博物馆—"一大"会址—周公馆、孙中山故居

头班车时间：6:30；末班车时间：18:00；间隔发车时间：30 分钟。

票价：单一票价 3 元。

8 号旅游专线　夜间市区观光线

途经景点：上海体育场—静安寺—福建中路—外滩

头班车时间：16:00；末班车时间：19:00；间隔发车时间：50~60 分钟。

全程：11 公里，约 60 分钟。

票价：单一票价 3 元。

9 号旅游专线　上海体育场—无锡

途经站点：上海体育场—无锡(锦江大酒店)—灵山大佛—鼋头渚—无锡
　　　　　中视影视基地

头班车时间：7:10；末班车时间：17:00；间隔发车时间：全天发 8 班。

全程：175 公里，约 180 分钟。

票价：无锡火车站 43 元。

灵山大佛　是在重建唐宋名刹祥符寺时同时兴建的，因大佛所在位置
系由唐玄奘命名的小灵山，故名"灵山大佛"。大佛为高 88 米的露天青铜
释迦牟尼佛立像。票价：35 元。

鼋头渚　是太湖风景名胜区的主要景点之一。现有灵山隐秀、鼋渚春
涛、广福古寺等 10 多处景点。加上历代名人雅士游踪、石刻、书画等诸多
内涵深厚的文化积淀，构成了此地以天然山水为主、人工点缀为辅的旅游
胜地。票价：35 元。

无锡中视影视基地　是中国第一家集影视制作和文化旅游两大功能
于一体的影视旅游胜地，位于太湖之滨。其中唐城、三国城、水浒城占地
共达约 106 公顷，分别体现盛唐金碧辉煌、三国雄浑刚劲、北宋工巧华丽
的建筑景点特色。票价：唐城 32 元，三国城、水浒城 60 元。

上海之旅
TRAVEL IN SHANGHAI

10号旅游专线 市内购物旅游线

途经站点：上海体育场—淮海路商业街—南京路商业街—四川北路商业街—鲁迅公园

头班车时间：6:30；末班车时间：19:00；间隔发车时间：10分钟。

票价：单一票价3元。

崇明交通

从宝杨码头乘船前往。

东平国家森林公园

地址：崇明南门港

电话：021-59338333、59641845

门票：30元/人

交通：旅游5号线

前卫生态村

地址：崇明县竖新镇前卫村

电话：021-59649261

交通：游5线转南东线

青浦交通

在人民广场乘坐沪朱线、沪青线。

朱家角

交通：上海体育场乘游4线直达，车票是12元。人民广场（成都北路大沽路交叉口）也有专线车——沪朱线（6:30~19:00）直达朱家角镇。自驾车线路：市区—延安高架路—沪青平高速公路入城段（A9公路）—中春路—沪青平公路（318国道）

门票：60元（联票，内含10个景点）；单买大门票10元。

淀山湖

地址：青浦区朱家角西部

交通：乘旅游4号线到青浦区下

大观园

地址：青浦区金泽杨舍

电话：021-59262831、59262089

太阳岛旅游度假区

地址：青浦区沈巷镇沈太路2588号

电话：021-59830888

交通：乘旅游4号线到青浦下

门票：60元

松江交通

在上海体育场乘沪松线。

佘山风景区

地址：松江区佘山

电话：021-57651666

交通：旅游1号线

奉贤交通

1. 轻轨3号线到龙漕路下，乘龙邵线到奉贤南桥汽车站再转车到奉贤海湾；

2. 地铁1号线到莘庄站南广场，乘莘海线直接到奉贤海湾；

3. 公交车18路到淮海路站，转沪海线直接到奉贤海湾。

金山交通

从地铁梅陇站出口，乘开往金山石化的公交卫梅线，直达金山。乘莲石线也可。

南汇交通

公交线路：上海体育场乘游 2 线 (6:30~19:15)；上海火车站 (龙门宾馆) 乘远通巴士 (5:30~19:50)；浦东东昌路渡口、周家渡乘沪南线、周南线 (4:45~19:00) 直达南汇县城。

自驾车路线：市区—南浦大桥—龙阳路—沪南公路

洋山深水港观光预约

A.南汇旅游服务中心

电话：021-68019541、58022783

B.上海工业旅游促进中心

电话：021-54657798、54654890

C.上海旅游集散中心

电话：021-64811329 (团队)、64265555 (散客)

嘉定交通

乘上海旅游 6 号线到嘉定下。

浏河岛

地址：嘉定区唐行镇

门票：10 元

秋霞圃

地址：嘉定区城厢镇东大楼 314 号

电话：021-59531947

古猗园

地址：嘉定区南翔镇南翔路 3503 号

门票：5 元

孔庙

地址：嘉定区嘉定镇南大街 183 号

美国梦幻乐园

地址：嘉定区黄渡镇曹安路 4498 号

上海国际赛车场

地址：嘉定安亭镇东北 (伊宁路 2000 号)

电话：021-69569999

长兴岛和横沙岛

交通：公交 51、116 路至吴淞码头乘轮渡

吴淞古炮台

地址：宝山区友谊路 1 号 (临江公园内)

电话：021-56165854

交通：51、116 路等

宝钢工业旅游

地址：宝山钢铁集团公司

电话：021-56109247

七宝交通

公交 803、513、87、91、92 路和莘北专线均可到达。距地铁 1 号线莘庄站 10 分钟车程，距漕宝路地铁站 20 分钟车程。

35 崇

39

东平国家森林公园

42 黄海

江

40 前进村

长 41

9 浏河风景区

36 崇明

明

43

苏

10 嘉定区

岛

东滩候鸟自然保护区

7 孔庙

19 宝山区

长兴岛

37

38 横沙岛

江

口

省

20 吴淞炮台

8 青浦区

★ 21 上海市

23 浦东新区

17 七宝镇

28 浦东国际机场

2 淀山湖

6 朱家角镇 东方绿舟

11 佘山

18 闵行区

黄

29 南汇区

33 东海影视乐园

4

12 松江区

浦

30 野生动物园

3 浙

13 方塔

江

14 华严塔

24 奉贤区

芦潮港

34 东海

5 枫泾镇

31 碧海金沙

15 泖塔

25

32 杭州湾

江

16 金山区

26 小金山

省

27 大金山

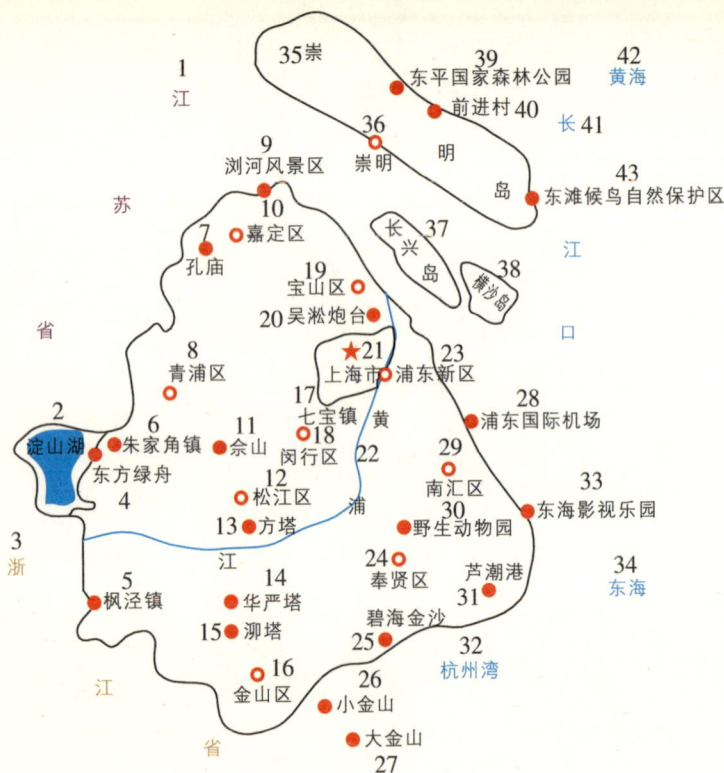

上海郊区旅游示意图
The Tourist Sketch Map Of Shanghai's Outskirts

1. Jiangsu Province
2. Dianshan Lake
3. Zhejiang Province
4. Dongfang Luzhou
5. Fengjing Town
6. Zhujiajiao Town
7. Confucius Temple
8. Qingpu District
9. Liuhe Scenic Areas
10. Jiading District
11. Sheshan
12. Songjiang District
13. Square Pagoda
14. Huayan Pagoda
15. Maota Pagoda
16. Jinshan Dristrict
17. Qibao Town
18. Minhang District
19. Baoshan District
20. Wusong Fort
21. Shanghai Municipality
22. Huangpu River

23. Pudong Newly-Developed Area
24. Fengxian District
25. Bihai Jingsha (Blue Sea & Golden Sand)
26. Xiaojinshan
27. Dajinshan
28. Pudong International Airport
29. Nanhui District
30. Wildlife Park
31. Luchao Habour
32. Hangzhouwan (The Gulf of Hangzhou)
33. Donghai Film and Television Park
34. The East Sea
35. Chongming Island
36. Chongming
37. Changxing Island
38. Hengsha Island
39. Dongping National Forest Park
40. Qianjin Village
41. Changjiangkou (The mouth of the Yantze River)
42. Huanghai
43. Dongtan Migratory Bird Nature Reserves

海纳百家菜——吃在上海
Eating in Shanghai

来上海不要亏待您的胃

来上海不仅要赏景、购物，更要尝遍各地美食，才算不虚此行。

漫步上海街头，你会发现各式餐馆林林总总：百年老店，中式菜馆，西式餐厅，快餐连锁店，再加上早点摊、大排档，如星罗棋布，各帮、各国、各派风味流派纷呈，真个儿是"乱花渐欲迷人胃"。

在上海流行的菜系，不仅有上海本帮菜、京都菜，江浙一带的淮扬菜、杭州菜、宁波菜，而且还有辣味的四川菜、湘菜、贵州菜，南国的粤菜、潮州菜，西部的新疆菜、清真菜，北方的东北菜、山东菜，八方口味样样受欢迎。更有各地风味小吃遍布大街小巷，香气四溢，惹得行人驻足品尝。

上海的国际大都市风范，使得各式西餐厅也纷纷在此扎根。从欧洲的法国菜、意大利菜、德国菜，到美洲的美国菜、墨西哥菜、阿根廷烧烤，从东亚的日本料理、韩国烧烤，南亚的印度菜，到东南亚的泰国菜、越南菜，各家都以自己的拿手绝活吸引了来自五湖四海的食客。

如果你荷包鼓鼓，不妨迈进大饭店品尝一下正宗菜系的味道。上海本帮菜馆最著名的有上海老饭店和德兴馆菜馆，京都菜馆有燕云楼、北京饭店，扬帮菜馆首推扬州饭店，广帮菜则是新雅粤菜馆、杏花楼。

如果你想品尝各种各样的风味小吃，云南路美食街的点心，乍浦路的小菜，老城隍庙的上海小吃，都会让你恨不得多长两张嘴！

Eating in Shanghai

这家饭店的门面很有特色
The restaurant front is very special.

Over the years Shanghai has become a city that excels at bringing together many different kinds of cuisine. This modern and fashionable city has excellent Continental cuisine in stylish restaurants such as "M" on the Bund and a couple of wonderful Indian restaurants in the Tandoor and Hazara. Italian, Thai, Mexican, Vietnamese and even Brazilian and Cajun cuisine are also on offer here and the style and decor in many of the city's best places such as Face and Ali YYs, is beautiful and unique.

Beyond the various cuisine of the world, Shanghai is a center for the culinary culture of

China. Here, you can taste famous dishes and culinary styles from all over the country. Bifengtang is a great chain restaurant serving delicious Cantonese cuisine. Beijing, Yangzhou, Suzhou, Wuxi, Hangzhou, Ningbo, Fujian, Chaozhou, Henan, Anhui, Hunan as well as vegetarian and Xinjiang cuisine are all available with exceptionally high quality and authenticity in this city. Shanghai cuisine too can be very delicious and "1221" is a beautiful place to sample the city's unique dishes.

Some of the best and most interesting culinary offerings one can find in Shanghai include: Nanxiang Steamed Pork Dumplings, Local River Crabs, Vegetarian Steamed Buns, Chicken and Duck Blood Soup, and Niangao with Spare Ribs.

Shanghai's world-spanning culinary styles, superior dining environments, cosmopolitan atmosphere and high quality of service make the city a heaven for all those who crave variety and excitement on their plate.

上海菜

上海菜习惯上又称"本帮菜",是从上海的家常便饭发展而来。又吸取苏、浙、皖的烹制特色,改浓油赤盐酱为重原味、重烹调,保持香、脆、鲜、嫩,而不失营养成分,使大众化的菜谱成为入口鲜清、香醇有味的本帮菜。

著名菜馆推荐

上海老饭店　地处豫园城隍庙的"老饭店"——上海老饭店,是上海最早的一家本帮菜饭店,原名"荣顺馆"。最早是开设在清代同治年间的一家夫妻小饭店,距今已有140多年的历史。1964年荣顺馆改名为"老饭店",意为上海人常去的老地方。整个饭店的装潢设计极为典雅、温馨,客人多以香港人、欧美人、日本人和本地人为主。这儿虽然格调高雅,但价格却不贵,属于大众消费场所。

老饭店在本帮菜馆中以烹调鱼、虾、蟹、鳝等活鲜而著称。招牌家常菜有:八宝鸭、红烧河鳗、虾子大乌参、扣三丝、腌笃鲜、油爆虾、竹笋鳝糊等。

地址:河南南路353号;分店:福佑路242号。电话:021-63282782。

饭店	地址	电话	人均消费	特色
30 年代大饭店	南阳路 134 号	62562265	40 元左右	20 世纪 30 年代老上海气息饭店
王朝海鲜大酒楼	乍浦路 324 号	63248888	50~100 元	本帮，海鲜
瑞福园	茂名南路 152 号	64374609	50 元左右	本帮菜
杨家厨房 (Yang's Kitchen)	衡山路 9 弄 3号	64313513	50 元左右	本帮家常菜
亨利餐厅	新乐路 8 号	64733448	50~100 元左右	地道上海菜
小沪岁月	淮海中路 283 号香港广场地下楼	63906513	50 元以下	海派家常菜
席家花园	东平路 1 号	64729041	60元	怀旧风格，花园餐厅
梅园村	北京西路 240 弄 4 号	63279481	50 元	黄河路最有意思的饭店
葡萄园	新乐路 55 号	64720486	50 元左右	上海最早吸引老外的餐厅
虹桥人家	乌鲁木齐南路 406 号	64671717	100 元	纯正本帮
老上海弄堂菜馆	新华路 160 号	62805885	50 元左右	上海家常菜
鹭鹭酒家	水城南路 336 号	62706679	50元	一度风靡上海
绿波廊	豫园路 125 号	63557509	70元	著名本帮菜馆，点心出名
老夜上海	漕宝路 66 号光大会会展中心 4 楼	64325555	100元左右	
美林阁	虹桥路 1885 号	62629966	100元左右	本帮菜
上海人家	甜爱支路 50 号	56967979	50 元左右	地道本帮菜
思美坊	斜土东路 350 号	53079177	25 元左右	老牌子本帮菜
小南国	瑞金二路 118 号	32089777	50 元左右	本帮菜

Shanghai Cuisine

The traditional Shanghai cuisine is called Benbang cuisine (means local). As Benbang cuisines often use heavy oil and red thick sauce, their colors are usually red and shiny. The chefs here are good at pickling in wine and cooking methods like baking, stewing, steaming, deep-frying and stir-frying and frying. In the latter part of 19th century, Benbang cuisine formed a complex flavor structure and cooking style and technique norms. The cooking of Shanghai cuisine stresses careful selection of materials and fine knife-hip.

Shanghai Old Restaurant

Shanghai Old Restaurant is a famous restaurant in the local Shanghai culinary style. The history of the restaurant may date back to the Qing Dynasty, more than 140 years ago and was then called Rongshun Restaurant or Old Rongshun Restaurant. In 1964, the name was changed to the present one, Shanghai Old Restaurant and used ever since. As the first local food restaurant in Shanghai, the chef here pays more attention to the control of flames, rich flavor, original gravy and original taste. The finished dishes are mellow and delicious, thick in gravy and bright in color. Through long time study and practice, the restaurant has adopted different ways of cooking and created many new flavors. Its specialties are Eight-Jeweled Duck, Braised Meat Preserved in Fermented Rice in casserole, Red-Cooked Hilsa Herring and Kousansi (the mixture of three kinds of shredded vegetables).

Add: No. 242, Fuyou Road

Tel: 021-63282782

海纳百家菜——吃在上海 Eating in Shanghai

上海老饭店
Shanghai Old Restaurant

杭州菜

　　杭州菜以河鲜为主味，烹调精细，不守陈规，多富变化。烹制多以爆、炒、烩、炸为主，清鲜爽脆，入口软滑。许多菜肴的用料直接取自杭州西湖，如西湖莼菜汤中的莼菜就取自西湖"三潭印月"。名菜"东坡肉"色泽鲜艳，酥嫩鲜香，浓而不腻。"芙蓉鱼片"吸取北京名菜芙蓉鸡片的烹调法，入口滑、细、嫩、肥。

著名菜馆推荐

　　西湖饭店　上海杭州菜的代表为西湖饭店，创建于 1940 年，陈设优雅。推荐名菜：西湖莼菜汤、西湖醋鱼、荷叶粉蒸肉、东坡肉、龙井虾仁、虾爆鳝、糖醋荔枝肉、荠菜里脊肉等。

　　地址：四川北路 1805 号。电话：021-56662415。

饭店	地址	电话	人均消费
杭州新开元大酒店	徐家汇路 560 号	64668866	50 元
钱塘大酒店	镇宁路 270 号	62721717	50 元
西湖人家	石门一路 196 号	62176801	40 元左右
张生记	肇家浜路 446 号伊泰利大厦	64455777	50 元左右
万家灯火	打浦路 1 号	53961068	50 元
楼外楼	虹桥路 2260 号	62626789	100 元
知味馆	福建中路 345 号	52987768	100 元

小绍兴酒楼
Xiaoshaoxin Restaurant

Hangzhou Cuisine

　　Hangzhou cuisine is noted for it's choice of fine ingredients, painstaking preparation, refreshing taste and numerous variety. The typical dishes of Hangzhou cuisine are: West Lake Fish in Vinegar Gravy, Pork of Dongpo Style, Balued Chicken, Longjing Shrimp, Aunt

海纳百家菜——吃在上海　Eating in Shanghai

Song's Fish Soup and West Lake Water Shield Soup, ect. And many famous dishes have interesting stories associated with them.

Xihu Restaurant

Xihu(the west lake)Restaurant, founded in 1940, offers famous Hangzhou cuisine in Shanghai with chic decoration.

Add：1805 Sichuan Beilu

Tel：021-56662415

淮扬菜

淮扬菜是江苏菜系之一，由扬州菜、镇江菜、淮安菜等组成，以扬州菜点为代表。淮扬菜肴的特色是选料严谨、制作精良，在烹调过程中十分注重吊汤，以求原汁原味，咸淡适宜，清而不淡，浓而不腻。传统名菜有醋溜皮蛋、炒鸡片、炒双脆、清蒸狮子头、清蒸刀鱼、虾脑豆腐、出骨刀面、鱼面、玫瑰猪肉馒头等。

著名的苏浙汇
The famous Jade Garden

著名菜馆推荐

扬州饭店　上海的淮扬菜馆，首推 20 世纪 50 年代莫德峻、莫有庚、莫有财、莫有源父子在江西路、宁波路口开设的"莫有财厨房"。父子四人厨艺高超，特别擅长从传统中创新，首创了"五味腰片"、"淞江鱼米"等菜肴。该厨房很快成为各界名流聚餐、宴请的场所。一些文艺界名人如梅兰芳、俞振飞、周信芳等常来这里品尝佳肴。20 世纪 70 年代初，"莫有财厨房"正式更名为"扬州饭店"。如今，这里依旧是人来人往，顾客盈门。

地址：南京西路 72 号。电话：021-63587988；人均消费 100 元左右。

饭店	地址	人均消费
汇海餐厅	浦东东方路 778 号，紫金山大酒店 2 楼	150 元
保罗餐厅	富民路 271 号	25 元
凤凰大酒店	控江路 1690 号	25 元
福禄居	虹桥路 1 号，港汇广场 6 楼	30 元
绿杨村	南京西路 763 号，近石门路	30 元

Huaiyang Cuisine

Huaiyang cuisine, encompassing the coastal areas of eastern China, is said to re-quire the most skill in order to preserve the basic flavor of each ingredient to achieve balance and freshness. River fish, farm animals, birds, and vegetables feature promi-nently, and braising and stewing are more common than stir-frying. Red sauces (from soy sauce, sugar, and oil) are popular. Shanghai, Hangzhou, Suzhou, and Yangzhou-style cooking are all minor variations on the same theme.

Yangzhou Restaurant

Yangzhou Restaurant is famous in Shanghai for its Yangzhou style dishes from the well-known Mo's Family Kitchen. Major dishes include Pork in Jelly, Stewed Crab Ovum with Pork Patties, Mo's Braised Meat Slices, Minced Fish with Pine Nut Karels. Its famous pastry includes Lightly Fried Dumpling Stuffed with Scallion-flavored Pork, and Eight-Teasure Shaomai.

Add: 72 Nanjing Xilu
Tel: 021-63587988

京帮菜

京菜最早源于鲁菜，后又结合蒙族菜、满族菜、扬州菜等发展而来。京菜以肉菜居多，其主要名菜除北京烤鸭外，还有糟溜鱼片、醋椒鱼、扒熊掌、白煮肉等。其中一些宫廷菜，标榜为"仿膳"的，近几年也被聪明的厨师整理发掘出来，引起食客的浓厚兴趣。

京菜在上海有着悠久的历史，清光绪年间上海的京菜馆已大盛。北京菜的大举南下，大约在 20 世纪初的辛亥革命前后，有不少北京人到上海开菜馆。上海人喜甜食，京菜馆在烧菜时普遍放糖，成为海派京菜的一大特色。著名的京菜馆有全聚德烤鸭店、燕云楼、凯福饭店、北京饭店和燕京楼等。

著名菜馆推荐

全聚德烤鸭店　上海的全聚德烤鸭店装饰也有京味特色，店内烤鸭师及京菜厨师由北京集团派遣，原料全部来自北京，原汁原味。烤鸭采用挂炉、明火烧果木的方法烤制而成，烹制时间为45分钟左右。其成品特点是：刚烤出的鸭子皮脂酥脆，肉质鲜嫩，飘逸着果木的清香。鸭体形态丰盈饱满，全身呈均匀的枣红色，油光润泽，赏心悦目。配以荷叶饼、葱、酱食之，腴美醇厚，回味不尽。

全聚德淮海店地址：淮海中路786号4楼(近瑞金二路)。电话：021-54045799。

全聚德浦东店地址：东方路778号紫金山大酒店3楼。电话：021-68868807。

全聚德闸北店地址：天目西路547号(近长安路)。电话：021-63538558。

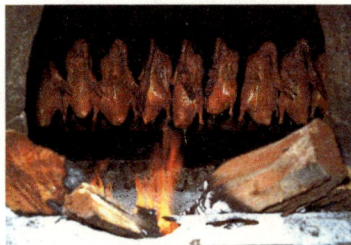

诱人的美食
Delicious food

饭店	地址
燕云楼	广西北路288号宝大祥商厦
北京饭店	霍山路68号
皇城根涮羊肉	皋兰路18号一层，近思南路
利康家常菜	上中路460号
仿膳阁	延安西路918号，达华宾馆三楼
长安饺子楼	云南南路2~8号，延安路口

Beijing Cuisine

Beijing or Northern cuisine is typically characterized by its strong, robust flavors and hearty ingredients. Pork and lamb are commonly used due to the Muslim influence in the northwestern part of the country. Staples are heavy noodles and breads instead of rice. Jiaozi, small chunks of meat and vegetables wrapped in dough and boiled are popular snacks also eaten during the Chinese New Year.

Quanjude Roast Duck Restaurant

Add: 786 Huaihai Zhonglu

Tel: 021-54045799

湘菜

湘菜是以湘江流域、洞庭湖地区和湘西山区等地方菜发展而成的，以长沙菜为代表。湘菜用料广泛，切配精细，油重色浓，主味突出，酸辣焦麻，鲜香脆嫩。其重辣程度可与川菜媲美。

著名菜馆推荐

岳阳楼湘菜馆 湘菜在上海以"岳阳楼"为代表，其供应的湘菜既继承了湖南湘菜的传统，又结合上海人口味进行了一些改进，减轻辣味，适当焦麻，成为自成一家的海派湘菜。名菜有东安子鸡、腊味合蒸、红煨三件、红白肚尖、雪花里脊、蛋包鱼片、滑溜鸡球、酸辣荔枝肉、生片火锅，近几年更以狗肉火锅驰名沪上。

岳阳楼番禺店地址：番禺路 220 弄 12 号（牛桥浜路口）。电话：021-62800450

岳阳楼长宁支路店地址：长宁支路 183 号（近江苏北路）。电话：021-62264814

饭店	地址
洞庭春湘菜馆	岳阳路 58 号
滴水洞	巨鹿路 681 号
爱晚亭酒店	银城西路 17 弄 73 号陆家嘴美食城
古意湘味浓	富民路 89 号 A 座
湘园酒楼	瑞金一路 151 号，向明中学旁
沁园春湘菜馆	宛平南路 65 号
苏浙汇	肇嘉浜路 388 号
湖南湘菜馆	永嘉路 108 号
湖南苑饭店	高邮路 48 号
三湘风味馆	怒江路 225 号
韶山冲湘菜馆	吴江路 165 号

Hunan Cuisine

Hunan cuisine has three styles of cooking from areas around the Xiangjiang River, Dongting Lake and western Hunan. The Xiangjiang River cuisine is the most popular one with four characteristics: tasty, savory, hot and sour. The Suandoujiao Rouni, or Sour String Bean Cubes with Smashed Meat reflects the four tastes all at the same time.You will find that all the bean cubes are eaten up while the meat is left, because the tender and sour bean cubes, which were preserved in salt, will arouse your appetite.

诱人的美食
Local delicacy

Yueyanglou Restaurant

As " Xiang " cuisine representative, Yueyanglou Restaurant features the traditional Hunan style, and combines with Shanghai flavor.

Add: 28 Xizang Nanlu

川菜

川菜以辣味著称。由于四川地处盆地，气候湿热，瘟疫较多，为解毒、去湿热、防疾病，川味多重辣。有趣的是，川菜的辣有重辣、轻辣、微辣、甜辣、酸辣、麻辣、咸辣、苦辣等各种不同的辣味。

川菜进入上海有两次机缘。一次是北伐战争时期，北伐军的将领和士兵中四川人比较多，他们改不了自小养成的口味和饮食习惯，因此北伐军开到哪里，川菜也随着带到哪里。另一次是抗战胜利后，重庆政府中的党政要员回到上海，这中间有不少四川籍人士，也有不少在八年抗战中吃惯了四川菜的外来人。他们的到来，大大促进了上海的川菜发展。但是川菜为了能在上海生根，不少川菜馆在引进正宗川菜的同时也开始了对川菜的再改进，形成了独特的海派川菜。

著名菜馆推荐

梅陇镇酒家 开设于 1938 年 3 月，以经营川扬菜肴而著称，是上海文化品位较高的川菜馆，著名书画家刘海粟为该店题写店名。20 世纪 50 年代周恩来总理来到该店宴请上海劳动模范，席间连称梅陇镇酒家菜肴的味道好。近年来，该店秉承川菜传统技艺，结合上海人的口味整理出传统菜谱 200 余种，创新特色菜百余种，赢得了"闻香留步名酒家，知味停车梅陇镇"的赞誉。现在，该酒家已在淮海路、北京路、梅陇镇广场、控江路及浦东新区开设有十家左右的分店，生意十分红火。

推荐招牌菜 梅陇镇鸡、干烧鳜鱼、龙眼豆腐、芹黄鹌鹑丝、酱爆茄子、香酥鸡、龙凤肉、陈皮牛肉、芹黄鸽脯丝、宝贵鱼镶、干烧大明虾等。

Chef's recommendation

饭店	地址	电话
翠园老成都豆花庄	定西路 737 号	62818723
老成都公馆菜慧园大酒家	大渡河路 1830 号	62649759
啦啦啦	虹桥路 1 号港汇广场 606	64077242
蜀地辣子鱼馆	安福路 185~187 号	64377684
川国演义	徐家汇路 555 号广发银行大厦2 楼	63901436
多利川菜馆 (人民广场店)	南京西路 226 号	63724187
巴国布衣	定西路 1018 号	52397779
川妹子豆花村	福山路 76 号	58313756
邓家菜	广元西路 88 号	64476777
洁而精川菜馆	雁荡路 82 号	53861004

地址：南京西路 1081 弄 22 号
电话：021-62566705/65021625
交通：公交线路 20、23、37、112 等

Sichuan Cuisine

Sichuan cooking, born in the damp interior of Southwestern China, relies heavily on chilies, peppers, peppercorns, and garlic; spicy and pungent flavors are the result.

Meilongzhen Restaurant

As one of Shanghai's most famous and oldest restaurants, the history of Meilongzhen may date back to 1938. The dining area is made up of traditional Chinese rooms with mahogany and marble furniture and intricate woodwork. Many of the dishes are Sichuan flavors combined with Shanghai flavors and cooking styles. Its cuisine has evolved over time from strictly regional fare to one incorporating the spices, vinegars, and chilies of Sichuan cooking. Seafood is featured prominently, and popular favorites include Deep-fried Eel, Lobster in Pepper Sauce, Mandarin Fish with Noodles in Chili Sauce, Sichuan Duck, and Meilongzhen Special Chicken, served in small ceramic pots. The atmosphere is a bit stodgy with old-fashioned Qing Dynasty furniture and wood-carving paneling.

Add: No.22, Lane 1081 Nanjing Xilu
Tel: 62566705/65021625

东北菜

东北家常菜在上海也十分受欢迎。东北菜肴不仅给的量大，而且东北菜馆充满家庭气息，装修多以鲜艳的大花布为色调，一些菜馆还把大炕式餐桌搬到馆子里，令食客觉得乐趣无穷。东北饺子、猪肉炖粉条、锅包肉、东北大凉皮等特色菜甚得食客喜爱。

东北菜馆
A typical northeast restaurant

海纳百家菜——吃在上海　Eating in Shanghai

著名菜馆推荐

饭店	地址	电话	特色
东湖餐厅	国权路 242 号	55054980	正宗东北风味，招牌菜是正宗东北骨头
东北佬	番禺路 48 号	62804777	东北风味
北大荒不了情	中山北二路 1515 号	65559191	知青特色装修
大清花	中山西路 2006 号	51171158	招牌菜有石锅酸菜白肉、红烧牛口白、满族香酥烤羊肉等
东北炭烤	虹桥路 163 号	64475399	东北风味烧烤

潮州菜

近几年，本来默默无闻的潮州菜在上海风行一时，上海有几家专营潮州菜的酒家很受欢迎，如海上皇宫、潮江春、富临皇宫潮州酒楼、夜上海等。招牌菜除了传统菜肴潮州鱼丸、炒鱼面外，还有鱼饺汤、饭蟹等等。

著名菜馆推荐

饭店	地址
潮州蛇餐馆	嫩江路 887 号
海上皇宫潮州酒楼	乌鲁木齐北路 505 号
金粤渔村	洛川东路 437 号
利苑潮州酒楼	淮海中路 965 号三楼
泰福楼	成都南路 168 号四楼，淮海路口
鑫宫潮州鱼翅酒楼	南京西路 1038 号梅龙镇广场 5 楼
潮人轩酒家	虹桥路 1 号港汇广场 605
金海湾潮州家常菜	澳门路 715 号，近西康路

清真菜

著名菜馆推荐

洪长兴清真羊肉馆 是上海第一家经营涮羊肉的清真菜馆，创办于1913 年。洪长兴当时以卖面和馅饼为主，打卤羊肉面最为有名，后又增添牛羊肉肴，并专门供应涮羊肉。它经营的涮羊肉同北京的东来顺一样闻名中外，不仅是上海人吃涮羊肉的首选之处，而且也吸引了当时驻上海的美、英、德等国的领事馆人员和商界人士。该店的涮羊肉是取自湖州、嘉兴、平湖等地出产的胡羊，一般在三四岁左右，其肉嫩味鲜，不带羊膻气。宰杀冷冻后切成薄片，配以卤虾油、小磨麻油、芝麻酱、韭菜花、绍酒、腐乳和芥末等 10 多种佐料，调为一小碗，食时将涮过的羊肉放入调料碗内搅拌，随涮随吃，味道鲜美独特。

地址：广西北路 288 号
电话：021–63225122
交通：公交线路 20、37 等

饭店	地址
东来顺饭庄	思南路 9 号，近淮海中路
巴依餐厅	虹桥路 1 号，徐家汇弘基广场内
丝绸之路大饭店	曲阳路 777 号
八先生草堂	崂山西路 308 号
清真回风楼	西藏中路，中华路口
艾尼巴亿餐厅	曲阳路 775 号
阿拉木汗餐厅	浦东东方路 741 号
龟兹古丽餐厅	东诸安浜路 225 号

Muslim Cuisine

Hongchangxing Muslim Restaurant

Founded in 1913, Shanghai Hongchangxing Muslim Restaurant has grown into one of the largest Muslim restaurants in the past 100 years. It is highly praised by customers as "Shanghai's Famous Hot Pot" and as "Home for Muslim" by both Chinese and foreign Muslims. The distinguishing feature of the restaurant is mutton cooked in hot pot. 200 more famous, unique and new dishes are cooked in various ways such as deep-frying, quick-frying, stir-frying, sauting, stewing and roasting, in different forms such as cold dishes, hot dishes, soup, hot pot, iron plate and dessert and with different raw materials such as beef, lamb, poulty and aquatic products. Braised Beef Slices, Deep-fried Beef Steak, Crisp Fried Lamb Leg, Quick-fried Mutton with Scallion, Gold Coin Beef and Stewed Ox Tail are famous and best Muslim dishes.

Add:288 Guanxi Beilu

Tel: 021-63225122

素菜

素菜在中国历史悠久，早在先秦时代，人们祭祀祖先与鬼神前，要行斋戒吃素，以表示虔诚崇敬，故素菜又称斋菜。素食不使用鱼与肉，但用豆腐、腐竹、淀粉、蘑菇等材料，加上精心配制的调料，以高超的烹调技术可以烹调出与荤菜乱真的菜肴。

著名菜馆推荐

功德林素食馆 创建于 1922 年，店名取吃素可以"积功德成林，普及大地"之意。功德林素食开始在寺庙内制作，后逐渐推向社会。该店为了适应上海佛门弟子和素食客的口味，不断在发展中吸收各帮菜的精华，擅长用烧荤菜的方法制作素菜。仿荤菜肴色、香、味、形俱全，形象逼真，几可乱真。

推荐名菜 炒鳝糊、素火腿、素鸡、素鸭鸳鸯鱼丝、八宝全鸭、黄油蟹粉、以及净素月饼等。

地址：南京西路 445 号

电话：021-63270218

饭店	地址
静安寺素菜馆	静安寺内
松月楼	城隍庙内
觉林蔬食处	金陵东路 250 号，近福建路
人文美学现代素食	淮海中路 111 号，大上海时代广场 3 楼，近柳林路

Vegetarian Food

小店门上的装饰
An exquisitely ornamented boutique

China has a tradition of vegetarianism that dates back to thousands of years. The Taoist philosophy and Buddhism, introduced from India, both have sects which advocate eating a meat-free diet. Vegetarian food, that has commanded great importance of Chinese food culture, is generally divided into three types: the monastery, the court and the folk. The variety ingredients include soybean protein extract, taro powder, mushrooms, fresh vegetables and tofu (bean curd). The specialty of Chinese vegetarian food is the imitation of real meat, not only in appearance, but also in taste.

Gong De Lin

Shanghai's most well-known vegetarian restaurant has over a half century of experience and has grown a bit stodgy, not to mention greasy in its old age. Its renown still counts for something, though, as crowds continue to pack in here for the suji (vegetarian chicken), suya (vegetarian duck), and other mock imitations of fowl, pork, seafood, and various traditional Chinese dishes, all cleverly made from tofu and soy products. There's a takeout counter near the main entrance if you chance by during the day while shopping.

Add: 445 Nanjing Xilu

Tel: 021-63270218

外国餐馆

德国菜馆

Paulaner150

地址：Fengyang Lu　电话：64745700

505 啤酒吧

地址：南京东路 505 号

海纳百家菜——吃在上海　Eating in Shanghai

July

地址：茂名南路 176 号

沙逊花园

地址：虹桥路 2419 号

运通豪士酒吧餐厅

地址：东平路 5 号 A 座　电话：64737296

法国菜馆

C´est La Vie（正宗法国菜，人均 200 元）

地址：茂名南路 207 号　电话：021-64159567

Ashanti Dome 阿香蒂餐厅（教堂风格）

地址：皋兰路 16 号　电话：021-53066777

Le Garcon Chinois 乐加尔松

地址：衡山路 9 弄 3 号　电话：021-64457970

Maxim´s de Paris 马克西姆（皮尔·卡丹投资）

地址：黄陂北路 200 号上海大剧院 1F　电话：021-63868686-2312

La Masion 乐美颂

地址：太仓路 181 弄新天地广场北里 23 号单元　电话：021-63260855

Peace Grill 和平扒房

地址：南京东路 20 号和平饭店北楼 8F　电话：021-63216888

Le Bouchon 雅量

地址：武定西路 1455 号　电话：021-62257088

意大利菜馆

Pizza Now（比萨餐厅）

地址：延安中路 917 号　电话：021-32220928

Yellow Submarine 黄色潜水艇（比萨外卖专营）

地址：巨鹿路 911 号　电话：021-64151666

Romano Pizza 罗马诺匹萨（比萨餐厅）

地址：虹桥路 111 号　电话：021-64077446

Mister Pizza 西西里餐厅（比萨学生餐厅）

地址：政通路 260 号，近复旦大学

Pizza Italia 意大利匹萨（比萨外卖）

地址：淮海中路 1111 号 105 室　电话：021-64739994

Pasta Fresca Da Salvatore 沙华多利

地址：虹梅北路 3869 号，近延安路

Cucina 意庐意大利餐厅

地址：世纪大道 88 号，金茂大厦 56 楼

Palladio 帕兰朵意大利餐厅

地址：南京西路 1376 号　电话：021-62797188

Baci 兰桂坊

地址：皋兰路 2 号复兴公园内

Buon Appetito 博纳西餐厅

地址：番禺路 400 号，银星皇冠酒店 3 楼

Da Marco 大马可意大利餐厅

地址：东诸安浜路 103 号

Da Vinci's 达·芬奇餐厅

地址：华山路 250 号，希尔顿酒店 1 楼

Giovanni 吉范尼斯意大利餐厅

地址：遵义南路 5 号，威斯汀太平洋大饭店

il Monello 梦内乐意大利餐厅

地址：淮海中路 816 弄 41 号 2 楼

美国菜馆

Bourbon Street 波钵街（新奥尔良式饭店酒吧）

地址：衡山路 191 号　电话：021-64457556

Kathleen 凯圣琳

地址：茂名南路 207 号 23 室　电话：021-64725222

KABB 凯博西餐厅

地址：太仓路 181 弄新天地广场北里 5 号，茂名路 Kathleen 姐妹店

Hola 欧拉餐厅

地址：伊犁路 111 号

Henry's Home 亨利之家

地址：铜仁路 267 号

Steak House 牛排屋

地址：延安西路 65 号，贵都大酒店

Hard Rock 硬石餐厅（美式连锁餐厅）
地址：南京西路 1376 号　电话：021-62798133

Matador 斗牛士排骨餐厅（美式牛排专卖店）
地址：岳阳路 1 号　电话：021-64332969

Hawaii 夏威夷餐厅（夏威夷烧烤自助）
地址：定西路 825 号　电话：021-62810849

Friday 星期五餐厅（美式连锁餐厅）
地址：衡山路 10 号领馆广场内　电话：021-64734602

南美烧烤店 South American Barbecue

Argentina Barbecue 阿根廷烧烤餐厅（自助烧烤，中午 58 元 / 人，晚 68 元 / 人）
地址：淮海中路 1720 号　电话：021-64712777

Argentina Boka Barbecue 阿根廷博卡烧烤店（正宗阿根廷烧烤）
地址：四川中路 33 号

Luka Brazil Barbecue 洛卡巴西烧烤（免费啤酒、饮料、冰淇淋，午 55 元 / 人，晚 66 元 / 人）
地址：漕溪北路 207 号　电话：021-64861302

Brazil Steak House 巴西烧烤屋（正宗巴西风味烧烤）
地址：淮海中路 1582 号

LATINA 巴西烤肉店
地址：新天地北里（巴西乐队驻场）

Dagama BBQ 达加马巴西烤肉
地址：淮海中路 398 号中海大厦 1 楼

Latin Music Club 拉丁音乐俱乐部（墨西哥餐厅）
地址：四川中路 261 号 8 楼

Badlands 百岚酒吧（墨西哥餐厅）
地址：巨鹿路 897 号　电话：021-64667788

Maya Music Club 玛雅音乐酒吧餐厅（墨西哥餐厅，拉丁舞）
地址：茂名南路 59 号　电话：021-64158277

Mexico Barbecue 墨西哥烧烤（午市 50 元 / 人，夜市 58 元 / 人）
地址：淮海中路 1668 号

Labamba 拉邦巴（纯正南美烧烤，现场拉丁音乐，自助 58 元）
地址：衡山路 10 号甲欧登 1F　电话：021-64315177

Jinjiang Latin Restaurant 锦江拉丁餐厅（巴西风味，烤肉见长）
地址：茂名南路 59 号锦江新南楼底层

韩国菜馆

高丽餐厅（人均消费50~100元，朝鲜烧烤）
地址：五原路 181 弄 1 号
吉祥阁（自助，韩国烧烤）
地址：平凉路 885 号　电话：021–65891747
阿里郎韩国料理（人均消费200元）
地址：江苏北路 28 号　电话：021–62527146
高丽烧烤（人均消费100元）
地址：东湖路 7 号，东湖宾馆底楼南侧　电话：021–64158158
韩国馆（人均消费100元）
地址：娄山关路 35 号，新虹桥俱乐部 3 楼　电话：021–62706317
韩林（人均消费100元）
地址：虹桥路 1 号港汇广场 5 楼
汉城酒家（人均消费100元）
地址：延安西路 2000 号，虹桥宾馆 1 楼　电话：021–62753388
济州岛韩国料理（人均消费 100 元）
地址：延安西路 65 号，贵都大酒店 3 楼

日本菜馆

璨鸟日本料理（日本料理）
地址：浦东银城东路 101 号汇丰大厦 46F　电话：021–68413300
大江户（上海最好的料理，200 元 / 位随便吃）
地址：东湖路 30 号、斜土路 2430 号　电话：021–64673332
稻菊日餐厅 Inagiku（日本最负盛名餐厅，人均 200 元左右）
地址：富城路 33 号香格里拉 2F
海之幸日本料理专门店（日式自助料理店，人均 100~200 元）
地址：陕西南路 402 号
电话：021–64453406
河河亭铁板烧（铁板烧，人均 100~200 元）

日本的味千拉面
A restaurant deals in Japanese noodles.

地址：淮海中路 99 号大上海时代广场　电话：021–63910612

居酒屋（人均 100~200 元）

地址：茂名南路 80 号

日本沙龙连锁餐厅

地址：徐家汇汇金百货 7F　电话：021–64649100–6730

味千拉面(连锁店)（日式风味食品，人均 20~30 元）

地址：淮海中路 518 号　电话：021–63725547

新都里 Shintori（沪上最好的日本餐厅之一，人均 200 元）

地址：乌鲁木齐南路 288 号

伊藤家（人均 200 元）

地址：瑞金一路 111 号

大渔日本料理（人均 100 元）

地址：乌鲁木齐中路 229 号

海之家（人均 150 元）

地址：襄阳北路 106 号

红椒仔（人均 100 元）

地址：淮海中路 1413 号

花筐（人均 300 元）

地址：南京西路 1376 号，波特曼酒店西栋 2 楼

日本料理太郎（人均 50 元）

地址：古北路 437 号

元禄寿司（人均 50 元）

地址：肇家浜路 1111 号，美罗城地下 1 层

神田烧肉（人均 50 元）

地址：淮海中路 776 号，锦江淮海大厦 2 楼

田合铁板烧烤屋（人均 100 元）

地址：仙霞路 671 号

丸八日本料理（人均 25 元）

地址：南昌路 262 号

五木居酒屋（人均 100 元）

地址：东湖路 20 号

一心日本料理（人均 100 元）

地址：茂名南路 136 号

异人馆（人均 25 元）

地址：南京西路 1038 号，梅龙镇广场 4 楼

山里餐厅

地址：茂名南路 58 号　电话：021-64151111

米雅阁

地址：延安西路 2077 号，金桥大厦 2 楼　电话：021-62192818

东南亚菜馆

Irene´s Thai（泰国菜）

地址：铜仁路 263 号

Simply Thai 天泰泰国餐厅（泰国菜、人均 150 元）

地址：东平路 5 号 C 座　电话：021-64459551

The Spice Market 香料世界（泰国菜、人均 150 元）

地址：济南路 8 号丽晶苑西苑

Lan Na Thai 兰纳泰国餐厅（人均 200 元）

地址：瑞金二路 118 号瑞金宾馆 4 号楼

金象苑泰国鱼翅燕窝菜馆（泰国特色菜、小吃、甜品）

地址：九江路 700 号南新雅 2F　电话：021-63501163

红椒仔（泰国菜、人均 100 元）

地址：淮海中路 1413 号

金盏泰国餐厅（泰国菜、人均 50 元）

地址：南京西路 2066 号

泰合金（泰国菜、人均 150 元）

地址：娄山关路 390 号

新加坡泰国渔村（泰国菜、人均 200 元）

地址：新华路 660 号万宝大酒店 2 楼

金越房（越南菜、人均 100~200 元）

地址：淮海中路 222 号力宝广场 2F　电话：021-63877228

Cochinchina 欧越年代（法式越南餐厅、人均 200 元）

地址：巨鹿路 889 号 11 幢　电话：021-64456797

西贡餐厅（越南菜、人均 100~200 元）

地址：银城西路 377 号 D 座陆家嘴美食城　电话：021-58782124

金牛苑越南菜馆（越南菜、人均 100 元）

地址：哈密路 1500 号

旧金山越南粉餐厅（越南菜、人均 100 元）

地址：虹桥路 1 号港汇广场 6 楼

海纳百家菜——吃在上海
Eating in Shanghai

东魁（东南亚风味，谭咏麟等明星投资）
地址：新天地北里—太仓路

印度菜馆

Kaveen's Kitchen 凯文厨房（自助印度菜，人均50~100元）
地址：华山路231号2F
Hazara 哈扎拉印度餐厅（正宗印度北部风味）
地址：瑞金二路118号瑞金宾馆4号楼
Tandoor 印度孟买餐厅（上海第一家印度菜馆，人均200元）
地址：茂名南路59号锦江食街
Indian Kitchen 印度小厨（人均100元）
地址：永嘉路572号，近乌鲁木齐路
Karma
地址：淮海中路111号，近汾阳路
嘉比餐厅（环境氛围好，人均50~100元）
地址：水城路18号和平广场102室

地中海菜馆

LUNA（法、意、西等地中海乡村菜）
地址：新天地北里
一千零一夜（阿拉伯风格，有乐舞、水烟等）
地址：衡山路领馆广场
阿里巴巴（正宗土耳其烤肉，人均50元以下）
地址：陆家嘴美食城17弄57号
Istanbul 伊斯坦布尔（土耳其菜肴，人均150元）
地址：淮海中路900号地下一层
Acropolis 希腊餐厅（上海第一家希腊菜馆，人均100元左右）
地址：吴兴路33号

Foreign Restaurant

German Restaurant

Paulaner
Add: 150 Fenyang Lu
Tel: 64745700

505 Beer Bar
Add: 505 Nanjing Donglu

July
Add: 176 Maoming Nanlu

海纳百家菜——吃在上海 Eating in Shanghai

Sasson Park

Add: 2419 Hongqiao Road

Yuntong Haoshi Bar Restaurant

Add: A5 Dongping Road

Tel: 64737296

French Restaurant

C'est La Vie

Add: 207 Maoming Nanlu

Tel: 64159567

Ashanti Dome

Add: 16 Gaonan Lu

Tel:53066777

Le Masion

Add: Lane 181 Taicang Lu, Xing-

tiandi

Peace Grill

Add: 8F, north tower, Heiping

Hotel, 20 Nanjing Donglu

Le Bouchon

Add: 1455 Wuding Xilu

Tel: 62257088

Italian Restaurant

Pizza Now

Add: 917 Yan'an Zhonglu

Tel: 32220928

Yellow Submarine

Add: 911 Julu Lu

Tel:64156666

Romano Pizza

Add: 111 Hongqiao Lu

Tel: 64077446

Mister Pizza

Add: 260 Zhengtong Lu

Pizza Italia

Add: Room 105, 1111 Huaihai

Zhonglu

Tel:64739994

Pasta Fresca Da Salvatore

Add: 3869 Hongmei Beilu

Cucina

Add: 56F Jinmao Hotel, 88 Shiji

Dadao

Palladio

Add: 1376 Nanjing Xilu

Baci

Add: 2 Gaolan Lu, inside Fuxing Park

Buon Appetito

Add: 3F Yinxing Crown Hotel, 400

Panyu Lu

Da Marco

Add: 103 East Zhu'anbang Lu

Da Vinci"s

Add: 1F Hilton Hotel, 250 Huashan

Lu

Giovanni

Add: Taipingyang Hotel, 5 Zunyi

Nanlu

Il Monello

Add: 2F 41, Lane 816 Huaihai

Zhonglu

海纳百家菜——吃在上海 Eating in Shanghai

American Restaurant

Bourbon Street
Add: 191 Hengshan Lu
Tel: 64457556

Kathleen
Add: Room 23, 207 Maoming Nanlu
Tel: 64725222

KABB
Add: 5 Xingtiandi Square Beili, 181
      Taicang Lu

Hola
Add: 111 Yili Lu

Henry's Home
Add: 267 Tongren Lu

Steak House
Add: Guidu Grand Hotel, 65
      Yan'an Xilu

Hard Rock
Add: 1376 Nanjing Xilu

Gladiator Paigu Restaurant
Add: 1 Yueyang Lu
Tel: 64332969

Hawaiian Restaurant
Add: 825 Dingxi Lu
Tel: 62810849

Friday
Add: 10 Hengshan Lu

Tel: 64734602

South America Barbeque Restaurant

Argentinian Barbeque Restaurant
Add: 1720 Huaihai Zhonglu
Tel: 64712777

Argentinian Boka Barbeque Restaurant
Add: 33 SichuanZonglu

Basheng Barbeque Square
Add: 1388 Pudong Shiji Dadao
Tel: 58208895

Basheng Barbeque Restaurant
Add: 172 Siping Lu
Tel: 65083672

Luoka Bralian Barbeque
Add: 207 Caoxi Beilu
Tel: 64861302

Brasil Steak House
Add: 1582 Huaihai Zhonglu

LATINA
Add: Xingtiandi Beili

Dagama BBQ
Add: 1F Zhonghai Mansion, 398
      Huaihai Zhonglu

Latin Music Club
Add: 8F 261 Sichuan Zhonglu

Badlands
Add: 897 Julu Lu

Tel: 64667788

Maya Music Bar Restaurant

Add: 59 Maoming Nanlu

Tel: 64158277

Mexican Barbeque

Add: 1668 Huaihai Zhonglu

Labangba

Add: 1F Hengshan Lu

Tcl: 64315177

Jingjiang Latin Restaurant

Add: 59 Maoming Nanlu

海纳百家菜——吃在上海 Eating in Shanghai

美食街

云南路美食街
地址：近延安东路、金陵东路
风味：各色南北小吃

黄河路美食街
地址：近北京西路、南京西路
风味：各种家常小吃

乍浦路美食街
地址：近海宁路、天潼路
风味：各种家常小吃

★ 特别推荐：老上海 11 样风味小吃

南翔小笼包：为上海郊区南翔镇的传统名点。以猪肉加调料制馅，因其形状小巧，皮薄呈半透明状，并以特制的小竹笼蒸熟，故称"小笼汉江餐馆包"，尤以南翔小笼包最为出名。
特点：小巧玲珑，皮薄馅多，花纹清晰，卤重味鲜，爽利不粘。
代表性餐馆：豫园商城内的南翔馒头店、西藏路延安路口的古猗园点心店

生煎馒头：上海称包子为馒头，因此，生煎馒头实为生煎包子，原为茶楼、老虎灶(开水专营店)兼营品种，馅心多以鲜猪肉加皮冻为主。20世纪30年代后，上海饮食业有了生煎馒头的专营店，馅心花色也增加了鸡肉、虾仁等多个品种。

特点：金黄色泽，硬中带脆，软松鲜嫩，稍带卤汁，清香味美。

排骨年糕：为上海人喜食的小吃品种。排骨斩块，挂面浆糊，油炸，与小条年糕一起制成。最闻名的店有四川中路福州路口的"小常州"和西藏南路金陵路口光明中学北侧的"鲜得来"点心店。

特点：排骨香酥鲜嫩，年糕香糯适口，汁浓色艳，色黄香浓。

代表性餐馆：鲜得来排骨店

葱油面：有开洋葱油面、葱油肉丝面、葱油三虾面等品种。开洋葱油面是豫园附近"湖心点心店"的特色面点，取香葱入油熬至葱黄，拌以煮熟细面条，加上特制的开洋，味道鲜美，食之浓香，是四季皆宜的小吃。

特点：滋味鲜美，滑爽可口。

代表性餐馆：沧浪亭点心店

小绍兴鸡粥：最早做此粥的师傅是绍兴人，因而称小绍兴鸡粥。鸡粥以鸡汁原汤烧煮糯米粥，鸡肉皮脆色白，鲜嫩可口。久负盛名的小绍兴鸡粥店位于云南南路。

特点：鸡肉皮脆骨香，鸡粥稠糯，口感滑溜，鲜嫩可口。

代表性餐馆：小绍兴鸡粥店

蟹壳黄：是用油酥加酵面做的小型酥皮麻饼，面上粘着一层芝麻，贴在烘炉壁上烘熟，形圆似蟹斗，色黄似蟹壳，故称蟹壳黄。馅有葱油、鲜肉、白糖、豆沙等。早期上海的所有茶楼、老虎灶的店面处，大都设有一个立式烘缸和一个平底煎盘炉，卖蟹壳黄和生煎馒头两件小点心。石门一路威海路口吴苑饼家，是供应蟹壳黄的名店。

特点：蟹黄色亮，四周乳白多层，皮酥味

诱人的美食
Local snack

香，松甜油重。

代表性餐馆：黄家沙、大壶春、吴苑

鲜肉猫耳朵：传统的猫耳朵是将面制成猫耳朵形疙瘩，配以鸡丁等作料，带汤食用。上海乔家栅的猫耳朵独具一格，先用擀面皮或馄饨皮包入肉馅或豆沙，煮至七成熟，再油炸而成，风味特异。

特点：外形挺括，色泽金黄，馅嫩面酥。

代表性餐馆：乔家栅点心店

鸡鸭血汤：鸡鸭血汤是城隍庙大门边"松盛点心店"供应的传统小吃，用鸡心、鲜鸭血、鸭肫和鲜汤一起烧煮，汤沸后即成。

特点：汤清见底，汤鲜味美，清爽可口。

代表性餐馆：松盛点心店

擂沙圆子：擂沙团是"乔家栅点心店"经营的名点之一，约有50多年历史。是把包有鲜肉、豆沙、芝麻等各种馅心的糯米汤团煮熟，沥干后滚上一层擂制的干赤豆粉而成。

特点：清香爽口，凉热均宜。

代表性餐馆：乔家栅点心店

鸽蛋圆子：鸽蛋圆子是豫园"桂花厅点心店"经营的最负盛名的特色点心。采用上白糯米加工外皮，用白糖、桂花、薄荷等作馅心，外形洁白酷似鸽蛋。

特点：香甜清凉，冷而不硬，糯而不粘，是夏令佳点。

代表性餐馆：桂花厅点心店

蒸拌冷面：将面条先蒸后煮，冷风吹凉，加调味拌食，面条硬韧滑爽，是夏季旺销面食。

特点：面条硬韧，味香滑爽，微酸带辣。

代表性餐馆：四如春点心店

★ Old Shanghai Famous Snacks

Nanxiang Steamed Pork Dumplings

Nanxiang Steamed Pork Dumplings (Nanxiang Xiaolongbao) is a traditional snack of Nanxiang Township in Shanghai's suburbs and can be found all over Shanghai. These dumplings are made of a thin skin of dough and stuffed with seasoned minced pork. They are then steamed in a bamboo steamer. Note that these dumplings are wrapped and sealed differently than other dumplings like Jiaozi.

Recommendation: Nanxiang Pork Dumplings around the Yuyuan marketplace and Guyiyuan snack restaurants at the intersection of Tibet Road and Yan'an Road?

Pan Fried Buns

It is also called "sheng jian bao". There are many kinds of meat fillings available but by far the most common one is pork. Chefs mostly use cake flour (low glutten flour) for Shengjianbao because the density of the dough is higher enough to hold the juice of pork when it goes through the gruesome test of pan frying and steaming. The buns are first heated on the pan until the bottoms turn brown. Then pour some water over the upper part of the buns. What you get at the end is a bun with moisty upper part and crusty lower part.

Paigu Niangao

Niangao is a typical southern Chinese dish made with glutinous rice flour strips sliced into pieces and stir-fried with other ingredients. One especially popular way to prepare Niangao is to stir-fry it with pork spare ribs. This Shanghainese dish is known as Paigu Niangao.

Recommendation: Xiandelai Paigu Store and Xiaochangzhou Store

Dried Shrimp Mixed Scallion Oil Noodles

Delicious in taste, is the feature of Huxin Snack House.

Recommendation: Canglangting Snack Store

Xiaoshaoxing Chicken Porridge

The raw materials used are specially-fed yellow-feathered chickens from Nanhui

County, so the dish fully preserves the original nutrition and taste of the chicken. The careful selection of raw material and skillful cooking makes the chicken crispy in skin, tender in meat, delicious in flavor and beautiful in shape. The chicken porridge is simmered with superior rice and original chicken broth.

Recommendation: Xiaoshaoxing restaurant

Crab–Brown Baked Cake

The cake is crisp, savory and aromatic as brown as the color of a cooked crab. The fillings include green onions with oil, pork, crab meat, shrimps, sugar, roses, mashed beans and jujube paste.

Recommendation: Wu yuan Snack House, Huangjiasha Snack House and Dahuchun Snack House

Meat Shaped Like Cat Ear

Traditional cat ear shapes the flour into the cat ear and being served with chicken broth. But in Qiaojiashan Snack House，the cat ear are boiled first to almost done, then deep fried before serving.

Recommendation: Qiaojiashan Snack House

Chicken and Duck Blood Soup

This Shanghai favorite is soup (known as Jiya Xuetang) that contains solidified blood as its main ingredient. In fact, the blood rather resembles dark red tofu and has very little taste. The broth used is a very light or slightly salty clear chicken broth with some spring onion added for a nice flavor. This traditional Shanghai snack is quite tasty.

Recommendation: Songsheng Pastry Store.

Dumpling Coated in Mashed Beans

Mashed red beans are used as covering of delicacy. Its filling may be made of pork, red beans or sesame seeds. The dumpling is delicious, refreshing, and easy to carry.

Recommendation: Qiaojiashan Snack House.

Pigeon–egg Dumpling

With the shape of a pigeon egg, this dumpling is made of glutinous-rice paste with filling of a mixture of sugar, osmanthus and mint, and is usually eaten in the summer months. It is soft and fine, and tastes sweet and flavored.

Recommendation: Osmanthus Hall Snack House

Cool Noodles with Sauce

Cool noodles is very populer among shanghai netizens in hot summer. Firstly, boil the noodle after steaming, then make it cool, add seasoning before serving.

Recommendation: Siruchun Snack Bar